Coleção
Reflexões Jurídicas

Coordenadores
Luís Greco
Adriano Teixeira

LUCIANO FELDENS
E ADRIANO TEIXEIRA

O CRIME DE OBSTRUÇÃO DE JUSTIÇA

Alcance e limites do art. 2º, § 1º da Lei 12.850/2013

Marcial Pons

MADRI | BARCELONA | BUENOS AIRES | SÃO PAULO

Coleção Reflexões Jurídicas
Coordenadores
Luís Greco
Adriano Teixeira

O crime de obstrução de justiça
Alcance e limites do art. 2º, §1º da lei 12.850/2013

Luciano Feldens e Adriano Teixeira

CIP-Brasil. Catalogação na Publicação
Sindicato Nacional dos Editores de Livros, RJ

F312c

Feldens, Luciano.
O crime de obstrução da justiça: alcance e limites do art. 2º, § 1º, da Lei 12.850/2013 / Luciano Feldens, Adriano Teixeira. - São Paulo, SP: Marcial Pons, 2020.
76 p. : 14 x 21 cm

Inclui bibliografia
ISBN 978-65-86696-03-5

1. Direito penal - Brasil. 2. Obstrução da justiça. I. Teixeira, Adriano II. Título.

CDD 345.81

Impresso no Brasil

AGRADECIMENTOS

Ao Professor Luís Greco e à Marcial Pons, especialmente a Marcelo Porciuncula, nosso agradecimento pela acolhida do texto na coleção desta prestigiada editora.

Pela leitura prévia, crítica e sugestiva, nosso agradecimento a Mariana Tumbiolo Tosi e Rubens Hofmeister Neto, e demais colegas do escritório Feldens Madruga.

SUMÁRIO

I

INTRODUÇÃO

O nome de batismo impressiona: crime de *obstrução de Justiça*. Com essa atribuição semântica, o art. 2º, §1º, da Lei 12.850/13 tem servido de fundamento a imputações criminais e medidas cautelares amplas e severas, inclusive de restrição de liberdade individual.

Se a nomenclatura guarda efetiva correspondência com suas potencialidades normativas é algo a ser investigado a partir da estrutura dogmática do crime, iniciando-se pelos contornos do tipo penal, compreendendo o objeto que procura tutelar e respeitando, sobretudo, as coordenadas constitucionais que calibram a relação entre poder (estatal) e direitos (individuais). Esse tensionamento tem se demonstrado real: a par de condutas que a lei pretende justificadamente reprimir, é sensível - e preocupante - o impacto que o discurso da *obstrução de Justiça* tem gerado, por exemplo, sobre o exercício dos direitos individuais, especialmente sobre o direito de defesa, em suas diversas fisionomias. Posturas tradicionalmente contempladas no espectro da resistência passaram a ter sua legitimidade questionada; em posições mais extremadas, comportamentos do investigado alinhados a seu direito de não-autoincriminação foram negativamente interpretados; e até mesmo a atividade político-legislativa, no que tenha cogitado projetos de reforma, foi, em alguma medida, objeto de censura.

É dessa ebulição de problemas - teóricos e práticos - que nos surge o interesse nesta pesquisa, por meio da qual propusemo-nos a avaliar, a partir de casos concretos, a aplicação do tipo penal, estabelecendo-lhe, sequencialmente, uma estrutura dogmática respeitosa com a liberdade de configuração do legislador penal e atenta às coordenadas constitucionais que a envolvem, elementos que demarcam seu alcance e limites de incidência.

Seguiremos a seguinte estrutura expositiva: primeiro, descreveremos casos hipotéticos (baseados em casos reais) no propósito de ilustrar os problemas interpretativos que envolvem o tipo penal em questão, no formato que lhe conferiu o legislador brasileiro (II). Na sequência, estabeleceremos alguns limites discursivos, de base constitucional e jurídico-penal (III), que servirão de alicerce para a análise do crime de obstrução de justiça (IV). Encerraremos com a resolução dos casos propostos (V).

II

CASOS

Caso 1. Servidores da Polícia Federal e da Polícia Rodoviária Federal, lotados em órgão de inteligência e investigação, praticavam condutas ilícitas a favor de uma organização criminosa composta por políticos e empresários. Dentre as práticas ilícitas cometidas pelos servidores incluíam-se vazamento sistemático de informações a respeito de operações policiais a serem deflagradas e contrabando de equipamentos de contrainteligência para montagem de "salas seguras", à prova de monitoramento, em órgãos públicos e empresas.[1]

Caso 2. Suspeito no âmbito de uma investigação policial, F teve apreendido seu aparelho celular, tendo a Polícia constatado que F, sabendo da existência da investigação, havia excluído parte relevante dos diálogos do aplicativo *whatsapp* em seu aparelho.[2]

Caso 3. Uma variante da situação anterior pode se dar na hipótese de o investigado se recusar a fornecer aos investigadores a senha de seu aparelho ou de seu iCloud, ou do aplicativo por meio do qual troca mensagens criptografadas.

1. http://www.pf.gov.br/imprensa/noticias/2019/06/policia-federal-combate-quebra--de-sigilo-em-operacoes-policiais. Acesso em 29/07/2019.

2. Baseado no caso JFPR, AP 5027868-69.2017.4.04.7000, Juiz Federal Marcos Josegrei da Silva, 14ª VF, julgado em 19/02/2018.

Caso 4. Um grupo de parlamentares é investigado por supostos atos de corrupção envolvendo empresas e bancos estatais. Um dos parlamentares instigou empresários, supostamente envolvidos com os ilícitos, a convencer, mediante pagamento de elevadas quantias, outros investigados a não celebrarem acordos de colaboração premiada, em ordem a dificultar o acesso do Estado a informações conducentes à elucidação dos delitos.

Caso 5. Senador da República, investigado por supostas práticas de corrupção e crimes eleitorais, envolvendo doações ilegais de campanha, articula com outros parlamentares a proposição e votação de um projeto de lei que visa punir condutas abusivas de autoridades de persecução e estabelecer uma cláusula de "anistia" para atos correspondentes à prática de "caixa dois eleitoral".

Caso 6. A divide um apartamento com seu amigo B. A sabe que B usa drogas e possui em seu quarto certa quantidade para consumo pessoal, ignorando que B também é traficante e membro de uma estruturada organização de tráfico de entorpecentes. A Polícia, que já observa B e sua organização há algum tempo, obtém um mandado de busca apreensão na residência compartilhada com A. Quando os policiais chegam para cumprir o mandado, apenas A está presente; para ajudar B, A esconde um baú (de B) que sabe conter drogas e algumas anotações, cujo conteúdo desconhece e se tratava da contabilidade dos negócios do tráfico.

III

BASES DISCURSIVAS

Antes de avançarmos no exame, propriamente dito, do crime previsto no art. 2º, § 1º, da Lei 12.850/2013, estabelecemos os elementos estruturantes que balizam nossa linha de exposição. Embora congruentes e relacionados entre si, o aspecto preponderante do argumento que carregam nos permite caracterizá-los como elementos de ordem constitucional e jurídico-penal.

III.1 Elementos de base constitucional

Enquanto ordem normativa superior, a Constituição projeta um impacto sobre a validade do Direito Penal, o que nos permite concluir: (i) que a liberdade de configuração do legislador penal (ou seja, sua capacidade de criar tipos penais incriminadores), conquanto regra, não é absoluta; (ii) em consequência, o Direito Penal não é um âmbito isento de controle pela jurisdição constitucional.

Decerto, a zona de interseção que compartem a Constituição e o Direito Penal pode ser deduzida do texto constitucional, embora não esteja a ele reduzida: por quase uma centena de vezes a Constituição de 1988 utiliza-se de expressões diretamente relacionáveis ao Direito Penal, seja instituindo competências (legislativas e jurisdicionais) em matéria penal, seja limitando a atuação dos Poderes e órgãos envolvidos nessa relação, seja, inclusive, requerendo a criminalização de determinadas condutas. Tudo a indicar, em definitivo, que o Direito Penal não desfruta de existência autônoma em face da Constituição, senão que tem por ela definidos tanto os limites quanto os fundamentos de sua estruturação.[1]

Assim, ao estabelecer no art. 5°, inc. XXXIX, que não há crime sem *lei* (legalidade estrita) *anterior* (anterioridade) que o *defina* (determinação taxativa), nem pena sem *prévia* cominação *legal*, a Constituição transfere ao legislador ordinário tanto a decisão sobre o que deva ser considerado infração penal, quanto a definição sobre a medida da consequência jurídica (sanção) atribuível à espécie. A despeito dessa ampla delegação de poder, parece claro que essa garantia constitucional nada significaria - e, portanto, nada garantiria - se o legislador penal ordinário pudesse fixar, com ilimitada liberdade, o alcance dos conceitos de crime e de sanção penal, já tendo a História nos demonstrado as gravíssimas consequências daí resultantes.[2]

Com essas linhas, importa-nos fixar a função que desempenha a Constituição - em essência, os direitos fundamentais - sobre a produção legislativa e interpretativa em matéria penal. E a condição primeira que colhemos dessa relação entre duas ordens normativas - constitucional e penal - é o respeito à Constituição enquanto *limite material* do Direito Penal, sobretudo no que estabelece áreas de intervenção penal constitucionalmente proibida. Precisamente, os direitos fundamentais cobram, aqui, seu significado como preceitos

1. Conforme *Roxin,* Derecho Penal Parte General I, p. 64, "el tema va más allá del Derecho penal y sólo se puede tratar de modo completo en conexión con los deberes del Estado de protección de derechos fundamentales reconocidos hoy en Derecho constitucional". Como sintetizado por *Figueiredo Dias*, Direito Penal e Estado-de-Direito Material, p. 43, a correta determinação da função do Direito Penal só é possível no horizonte da concepção do Estado e do modelo valorativo jurídico-constitucional em que ela se traduz.

2. Apenas para ilustrar, recorde-se da Lei Alemã de 28 de junho de 1935, a qual, modificando o texto do §2° do Código Penal do *Reich*, conferiu-lhe a seguinte redação: "Será castigado aquele que cometa um fato que a lei declara punível ou que mereça castigo segundo o conceito básico de uma lei penal e segundo o *são sentimento do povo* (*gesundes Volksempfinden*). Se nenhuma lei penal determinada pode ser aplicada diretamente ao fato, este será castigado conforme a lei cujo conceito básico melhor lhe corresponda".

negativos de competência[3], impedindo o legislador de invadir espaços de liberdade individual ou coletiva constitucionalmente garantidos.

Decerto, os direitos fundamentais funcionam, em primeira ordem, como limites ao poder, vedando intervenções estatais - executivas, legislativas ou judiciais (interpretativas) - que sujeitem à sanção condutas que componham o âmbito de proteção da norma jusfundamental. Ou seja, comportamentos que se enquadrem no espectro de livre exercício do direito fundamental não estão sujeitos à censura; menos ainda à censura penal. Exemplificativamente, se as liberdades de expressão e manifestação garantem - como efetivamente garantem - as faculdades de reivindicação e protesto, o Direito Penal não poderá ilegalizá-las, por mais inconvenientes ou aborrecedoras que essas manifestações possam se revelar a terceiros.

Na hipótese do crime de obstrução de justiça, as atividades legislativa e interpretativa devem estar atentas a essa premissa, pois uma perspectiva expansionista da norma penal incriminadora tenderá, inevitavelmente, a ocupar espaços de liberdade individual reservados ao direito de defesa, em suas diversas formas de manifestação (*v.g.*, direito à não-autoincriminação e ações resistentes em si). Sublinhe-se: analisando-se sob a perspectiva do investigado, não colaborar com a Justiça jamais se poderá caracterizar como crime de obstrução de justiça. Por definição, ações de *defesa* - conceitualmente alinhadas a uma postura reativa - não requerem comportamentos colaborativos do investigado, nem de seu defensor, ainda que, sob a perspectiva acusatória, a resistência do investigado possa dificultar a solução do caso penal. E disso não decorre nenhuma ilegalidade. Resumidamente: comportamentos alicerçados em posições jurídico-fundamentais não estão sujeitos à ilegalização. Toda análise sobre as potencialidades normativas do tipo penal em referência deve partir dessa premissa.

III.2 Elementos de base jurídico-penal

O trabalho de interpretação de tipos penais igualmente passa

3. As competências legislativas, administrativas e judiciais encontram seu limite sempre nos direitos fundamentais; estes excluem da competência estatal o âmbito que protegem e, nessa medida, vedam sua intervenção (*Hesse*, Temas Fundamentais de Direito Constitucional, p. 36).

pela prévia identificação do objeto de proteção da norma incriminadora. O método tradicional e corrente de proceder, na doutrina e na jurisprudência, consiste em utilizar o conceito de *bem jurídico*. Identifica-se um bem jurídico e declara-se típica toda conduta (efetivamente descrita no tipo penal) que seja apta a violá-lo. Contudo, esse método apresenta sensíveis deficiências, que aqui perpassamos de modo bastante sintético, apenas no propósito de fundamentar as considerações a seguir sustentadas neste tópico.

A ideia de bem jurídico enquanto ferramenta crítica para a formação de uma política criminal racional e como base para atuação do legislador em matéria criminal não é aceita pacificamente e tem sido posta em cheque no decorrer da discussão científica.[4] Fala-se até em uma *crise do conceito de bem jurídico*.[5] A questionável capacidade de rendimento da teoria do bem jurídico tem sido propagada pela indeterminabilidade ou vagueza do conceito. Aponta-se que até hoje não se atingiu um consenso a respeito do que pode ser exatamente considerado um bem jurídico legítimo.[6]

Além disso, outras críticas, de caráter mais fundamental, são dirigidas contra o conceito de bem jurídico. Seus detratores destacam, por exemplo, seu suposto caráter antidemocrático: argumenta-se que não se pode amarrar o legislador democraticamente legitimado a um conceito de bem jurídico supra ou pré-positivo.[7] Sustenta-se que a Constituição garante ao legislador uma margem de avaliação e atuação, da qual decorre um leque amplo de *fins legítimos* que ele pode perseguir ao estatuir novas proibições, desde que respeitado o *princípio constitucional da proporcionalidade*.[8]

4. Deixaremos de lado aqui abordagens alternativas, como a de *Jakobs*, que afirma que a proteção de bens jurídicos não é uma tarefa específica do direito penal, mas sim de toda a ordem jurídica (*Jakobs*, Rechtsgüterschutz?, p. 17). O verdadeiro bem jurídico penal, segundo *Jakobs*, é a validade da norma; vida, saúde, liberdade etc., são apenas motivos, objetivos por trás da norma (*Jakobs*, Rechtsgüterschutz, p. 20).

5. *Renzikowski*, Matt-Renzikowski StGB Kommentar, Intr. Nm. 7.

6. Com ulteriores referências *Wohlers*, Delikstypen, p. 214, 219 s.; *Hörnle*, Grob anstößiges Verhalten, p. 14 s.

7. *Gärditz*, Strafbegründung und Demokratieprinzip, p. 331, 342 ss*;* *idem*; Demokratizität des Strafrechts und Ultima Ratio-Grundsatz, p. 641; *Stuckenberg*, Grunrechtsdogmatik statt Rechtsgutslehre, p. 654 ss., 658).

8. *Appel*, Verfassung und Strafe, p. 46; *Lagodny*, Strafrecht vor den Schranken

Critica-se ainda, de forma mais incisiva, mas em sentido diverso, que a teoria do bem jurídico traria consigo *traços antiliberais*, pois dela derivar-se-ia logicamente a exigência de tentar prevenir todas as lesões a bens jurídicos mediante a ameaça de pena dirigida a todas as ações potencialmente lesivas. Segundo essa crítica, até mesmo a proclamada "expansão do direito penal"[9] poderia ser explicada pela ideia de proteção de bens jurídicos levada às últimas consequências.[10] Nesse sentido, poder-se-ia dizer que a concepção de bem jurídico, na verdade, não impõe limites ao legislador, mas sim lhe confere um instrumento argumentativo poderoso que lhe permite justificar qualquer anseio incriminador. Nessa linha, afirma *Klaus Volk* que, possuindo imaginação, se pode sempre descobrir ou inventar bens jurídicos "como se inventam estórias".[11] Em sentido próximo, denunciando a insuficiência do critério do bem jurídico, *Dimitri Dimoulis* sustenta a "necessidade de abandonar um pensamento apriorístico que acaba legitimando quase todas as opções legislativas com o pretexto de tutelar certo bem jurídico"[12].

Contudo, não se pode dizer que a crítica contra a teoria do bem jurídico triunfou, eis que nos últimos tempos ela sofreu novos impulsos e desenvolvimentos.[13] De todo modo, é de se esperar que a discussão avance ainda mais diante dos novos desafios no campo político-criminal.

III.3 A modo de síntese

Dito isto, o que devemos reter é que somente por meio de um conceito de bem jurídico (seja ele qual for) ou de direito subjetivo

der Grundrechte, p. 138 ss., 288 ss. Sobre os problemas envolvendo a natureza e potencialidade normativas da proporcionalidade em matéria penal *Feldens,* A Constituição Penal, Porto Alegre: Livraria do Advogado, 2006.

9. Cf. *Silva Sánchez*, La expansión del derecho penal.

10. A respeito, om referências, *Roxin/Greco*, § 2 Nm. 12a

11. *Volk*, Marktmissbrauch und Strafrecht, p. 916; nesse sentido descreve *Hassemer*, Kennzeichnen und Krisen des modernen Strafrechts, p. 380, ele mesmo um defensor da teoria do bem jurídico, uma metamorfose de uma utilização negativa do conceito de bem jurídica (no sentido de limitar a ação legislativa) para uma positiva (no sentido de munir o legislador de argumentos); sobre esse ponto *Roxin/Greco*, § 2 Nm. 45c.

12. *Dimoulis*, Direito penal constitucional, p. 82.

13. *Roxin/Greco*, AT I, § Nm. 94b s., 120.

não é possível formular e conduzir uma política criminal racional, liberal e, portanto, constitucional.[14] A estipulação de um bem jurídico ou direito subjetivo a ser protegido é apenas uma *condição necessária* - porém, insuficiente - para a legitimação de uma proibição criminal. A legitimação de uma norma penal depende de outros fatores. Por exemplo, deve-se avaliar se a proibição, em que pese suas possíveis consequências positivas para a coletividade, não esbarra em uma *barreira deontológica*[15], em outras palavras, e como acima propusemos, se não interfere indevidamente em um *direito fundamental* do cidadão, precisamente naquilo que companha o âmbito de proteção. [16]

Ainda que determinada norma incriminadora não viole *in totum* um direito fundamental, é possível que, em algumas projeções de sua aplicação literal, isso ocorra. Nesses casos, deve o aplicador proceder a uma *interpretação conforme à Constituição,* afastando do cenário jurídico interpretações criminalizadoras que afetem posições jurídico-fundamentais que, como tais, são inalcançáveis pela censura penal. [17]

Nesse tom, o STF, à semelhança do que já ocorrera na ADPF 54 (aborto de anencéfalo), julgou procedente a ADPF 187, para dar ao art. 287 CP (apologia de crime ou criminoso) interpretação conforme a Constituição, "de forma a excluir qualquer exegese que possa ensejar a criminalização da defesa da legalização das drogas, ou de qualquer substância entorpecente específica, inclusive através de manifestações e eventos públicos".[18]

Será necessário recorrer a essas ferramentas de interpretação e aplicação de leis penais no caso do crime denominado como *obstrução*

14. *Volk*, Strafrecht und Wirtschaftskriminalität, p. 88.

15. *Greco*, Lebendiges und Totes in Feuerbachs Straftheorie, p. 230 ss; *idem,* Tem futuro a teoria do bem jurídico?, p. 165 e ss.

16. Na perspectiva jurídico-constitucional, aqui estamos tratando dos direitos fundamentais como proibições de intervenção. *Feldens,* Direitos Fundamentais e Direito Penal. Seguindo *Humberto Àvila*, trata-se de prestigiar a primeira função que os direitos fundamentais devem cumprir, qual seja "funcionar como um mecanismo de defesa do indivíduo frente a intervenções estatais que injustificadamente restringem seu âmbito de proteção, qual um escudo de aço que lhe serve de anteparo contra a espada dos detentores do poder" (*Ávila*, Constituição, liberdade e interpretação, p. 27).

17. *Kuhlen*, La interpretación conforme a la constitución de las leyes penales, p. 23 e ss., 29.

18. STF ADPF 187/DF, Rel. Min. Celso de Mello, 15/06/2011.

de justiça - que seria melhor tratado, em respeito à própria amplitude do tipo, como crime de *obstrução de investigação de infração penal*. Decerto, embora a norma incriminadora do art. 2º, § 1º, da Lei 12.850/2013 não represente, em todas e quaisquer hipóteses de aplicação, uma ingerência indevida (desnecessária, inadequada ou desproporcional) em direitos fundamentais, em alguns casos de hipotética - ou mesmo concreta - aplicação isso poderá ocorrer, assim reclamando uma adaptação material do tipo penal à Constituição.

IV

O CRIME DE OBSTRUÇÃO DE INVESTIGAÇÃO DE INFRAÇÃO PENAL – ART. 2º, § 1º, DA LEI 12.850/2013

> Art. 2º Promover, constituir, financiar ou integrar, pessoalmente ou por interposta pessoa, organização criminosa:
>
> Pena - reclusão, de 3 (três) a 8 (oito) anos, e multa, sem prejuízo das penas correspondentes às demais infrações penais praticadas.
>
> § 1º Nas mesmas penas incorre quem impede ou, de qualquer forma, embaraça a investigação de infração penal que envolva organização criminosa.

IV.1 Antecedentes - Os PLS 150/2006 e PL 6578/2009

A Convenção das Nações Unidas contra o Crime Organizado Transnacional, ratificada pelo Brasil e promulgada pelo Decreto 5.015/2004, contém um mandado de criminalização da obstrução de justiça, nos seguintes termos:

> Artigo 23. Criminalização da obstrução à justiça:
>
> Cada Estado Parte adotará medidas legislativas e outras consideradas necessárias para conferir o caráter de infração penal aos seguintes atos, quando cometidos intencionalmente:

a) O recurso à força física, a ameaças ou a intimidação, ou a promessa, oferta ou concessão de um benefício indevido para obtenção de um falso testemunho ou para impedir um testemunho ou apresentação de elementos de prova num processo relacionado com a prática de infrações previstas na presente Convenção;

b) O recurso à força física, a ameaças ou a intimidação para impedir um agente judicial ou policial de exercer os deveres inerentes à sua função relativamente à prática de infrações previstas na presente Convenção. O disposto na presente alínea não prejudica o direito dos Estados Partes de disporem de legislação destinada a proteger outras categorias de agentes públicos.

Nas discussões dos PLS 150/2006 e PL 6.578/2009, que culminaram na Lei 12.850/2013, contudo, não se fez referência à Convenção. Na realidade, pouco ou nada se disse a respeito do crime de obstrução de justiça. Na exposição de motivos do PLS 150/2006, de relatoria da Senadora Serys Slhessareko e depois convertido no PL 6.578/2009, a única referência (indireta) ao delito em comento é: "Em contrapartida, o projeto não ignora diversas condutas que, por sua natureza, devem ser equiparadas ao crime organizado (vide art. 2º, §§ 1º e 2º)." Entre essas condutas incluía-se o crime de obstrução de investigação de infração penal. Vê-se, com clareza, que o tipo penal criado pouco tem a ver com o conteúdo do mandato de criminalização da Convenção, podendo-se notar que a redação adotada pelo legislador brasileiro é mais ampla e indeterminada.

Na versão original do PL 6.578/2009, no Art. 2º, § 1º, o atual tipo de obstrução de investigação de infração penal era previsto no inciso I, alínea c, sendo precedido por outros dois delitos, já não mais constantes da redação final do Substitutivo da Câmara dos Deputados. Os tipos penais suprimidos proibiam as condutas de: I. fraudar "concursos públicos, licitações, em qualquer de suas modalidades, ou concessões, permissões e autorizações administrativas"; II. intimidar ou influenciar "testemunhas ou funcionários públicos incumbidos da apuração de atividades de organização criminosa". À parte o primeiro delito, que não guarda qualquer relação com o objeto da proibição do crime de obstrução de justiça, percebe-se que o segundo tipo penal constituía uma modalidade específica de obstrução à persecução de organizações criminosas. Tratava-se, portanto, de tipo penal supérfluo, pois a conduta proibida já era completamente absorvida pelo delito mais geral da alínea "c" (atual § 1º do art. 2º).[1]

Havia ainda uma sensível diferença em relação à atual redação do crime de obstrução de justiça. Previa-se que incorria nas mesmas penas do crime de organização criminosa quem, *por meio de organização criminosa*, "impede, ou de qualquer forma, embaraça a investigação de crime que envolva organização criminosa". Ou seja, o crime de obstrução não poderia ser cometido por um "outsider", não vinculado a uma organização criminosa, como, por exemplo, um policial ou qualquer outro serventuário da justiça.

Em suma, à míngua de qualquer discussão prévia sobre o crime de obstrução de justiça, a responsabilidade da ciência em definir os contornos dessa incriminação torna-se urgente.

IV.2 Abertura textual e taxatividade

O crime é definido de forma econômica (*impedir ou embaraçar investigação de infração penal que envolva organização criminosa*), gerando dificuldades na delimitação de seu espectro de incidência. O verbo *embaraçar*, por exemplo, não permite uma apreensão segura do conteúdo da norma penal, desafiando, por conseguinte, o art. 5º, XXXIX, da Constituição Federal: não há crime sem lei anterior que o *defina* (determinação taxativa ou taxatividade da lei penal).

Tendo isso em vista, o Partido Social Liberal (PSL) ajuizou uma Ação Direta de Inconstitucionalidade (ADI 5.567) contra esse dispositivo, alegando tratar-se de um tipo aberto e desproporcional:

> "[...] 6.2.1. A imputação de responsabilidade em termos vagos, abstratos, fluidos, abertos e desproporcionais no direito penal como descrito, no ponto, no §1º do art. 2º da presente lei, padece de vícios de inconstitucionalidade, que fulminam a validade material da referida norma legislativa, pois se vislumbra afronta

1. Na versão original do Projeto que culminou na Lei 12.850/2013, no mesmo § 1º do art. 2º, punia-se ainda quem "gere, direta ou indiretamente, ou controla, de qualquer modo, atividades econômicas ou serviços públicos com o fim de auferir proveito econômico" e quem "financia campanhas políticas destinadas à eleição de candidatos com a finalidade de garantir ou facilitar as ações do crime organizado ou a impunidade de seus membros".

> aos artigos 1º, inciso III (princípio da segurança jurídica, projeção objetiva do princípio da dignidade da pessoa humana e elemento conceitual do Estado de Direito), bem como o art. 5º, inciso LIV (princípio do devido processo legal), ambos da Constituição da República. [...]
>
> 6.2.12. Em apartada síntese, a legislação inconstitucional impugnada, na espécie (obstrução de justiça) visa impedir, substancialmente, o nível de insegurança jurídica dos cidadãos, sobretudo, a fim de serem evitadas ações temerárias com base em um tipo penal excessivamente aberto, abstrato, fluido, vago, impreciso, e sobretudo, desproporcional, resultando, inclusive, em um inequívoco desgaste reputacional das pessoas, como vem ocorrendo no cotidiano. [...]"

A Advocacia Geral da União (AGU), por outro lado, ao se manifestar sobre o dispositivo em comento, entendeu que ele não fere garantias constitucionais, brandindo a perigosa e ilegítima assertiva de que:

> "[...] Caberá ao intérprete, a partir das características do caso concreto, ponderar acerca da adequação ou não da medida, evitando a impunidade e garantindo a correta incidência da lei penal. [...]"

A Procuradoria Geral da República, ao emitir parecer quanto ao artigo art. 2º, §1º, da Lei 12.850/13, seguiu a linha da AGU, referindo que o dispositivo veio a atender à supracitada disposição da Convenção das Nações Unidas contra o Crime Organizado Transnacional e que não seria aberto e nem, portanto, inconstitucional:

> "[...] Descabe igualmente afirmar que se trata de tipo penal demasiadamente aberto, vago e impreciso. Há clara definição do objeto jurídico tutelado (administração da justiça), do sujeito ativo (qualquer pessoa - crime comum), do sujeito passivo (o estado) e do núcleo do tipo (impedir ou embaraçar) investigação de infração penal que envolva organização criminosa).
>
> O art. 1º, § 1º, da Lei 12.850/2013 define organização criminosa. Ainda que se pudesse considerar o art. 2º, § 1º, como tipo penal aberto, não há na norma penal incriminadora situação de incompreensão capaz de gerar ruptura com o princípio da tipicidade dos delitos. [...]"

A ação, sob relatoria do Min. Alexandre de Moraes, pende de decisão. Não obstante, em controle difuso, no âmbito do Inquérito 4720, consignou o Min. Edson Fachin:

> "[...] Na espécie, o legislador ordinário estendeu a reprimenda prevista para o delito de organização criminosa ao agente que "impede ou, de qualquer forma, embaraça a investigação de infração penal que envolva organização criminosa", visando, assim, resguardar a administração da justiça no seu múnus de elucidar e prestar a jurisdição sobre os fatos que se adequam ao referido tipo penal. Tendo a administração da justiça como o objeto de tutela do delito em análise, o emprego do verbo "embaraçar" na redação do respectivo dispositivo legal não causa qualquer confusão na obtenção do seu significado quando interpretado em conjunto com as garantias constitucionais dispostas em favor do acusado, das quais, aliás, não pode se desvencilhar o intérprete.

A consideração de que os elementos do tipo devem estar em consonância com as garantias constitucionais está, em si, correta. O problema é que, quando colocada a teste, a fundamentação externada promove uma inversão de sentido na relação entre o poder (do Estado) e os direitos (dos indivíduos). Afinal, são os direitos que limitam o poder; este, sim, que não se admite seja absoluto. Porém, na decisão em referência ficou anotado que:

> "[...] o tipo penal previsto no art. 2º, § 1º, da Lei 12.850/2013 não é eivado pela alegada indeterminação, porquanto possibilita ao seu destinatário o prévio conhecimento do comando proibitivo nele contido, mormente porque o direito de defesa, assim como qualquer outra garantia e mesmo na amplitude prevista na Constituição Federal, não é absoluto e não comporta excessos que interfiram na escorreita prestação jurisdicional. Desse modo, afasto eventual pecha de inconstitucionalidade do tipo penal capitulado na incoativa".[2]

2. STF, Inq 4720, Rel. Min. Edson Fachin, j. em 06/11/2018, public. 22/11/2018. Sobre essa questão cf. o estudo de *Porciúncula*, José Carlos. Reflexão crítica: Obstrução de investigação de organização criminosa, Capítulo 2, em: Jota (www. https://www.jota.info/especiais/reflexao-critica-obstrucao-de-investigacao-de-organizacao-criminosa-02102016, acesso em 20/05/2019).

A probabilidade de reversão do entendimento que vai se concretizando no STF é pequena, tendo em vista a indisposição histórica de nossos tribunais em declarar leis penais inconstitucionais por violação do princípio da taxatividade (*vide* os crimes de gestão fraudulenta e gestão temerária de instituição financeira[3]). Sem prejuízo da relevância dessa questão, nossa contribuição deve traduzir-se no esforço de analisar e conferir contornos mais claros a esse tipo penal.

Assim, ainda que seja superada a pecha de inconstitucionalidade do tipo, a vagueza de sua redação reclama esforços hermenêuticos do intérprete e do aplicador da lei. É preciso que, perante esse quadro de indeterminação conceitual, o intérprete e a jurisprudência atuem no sentido de resguardar a compatibilidade da norma com o art. 5°, XXXIX, da Constituição, complementando a missão do legislador em assegurar o cumprimento do direito fundamental à legalidade penal. Isso é o que no direito constitucional alemão chama-se de *mandado de precisão* (Präzisierungsgebot).

Segundo essa ideia, o princípio da taxatividade ou o mandado de determinação não têm como destinatário apenas o legislador, que deve formular as leis de forma mais precisa possível, mas também o juiz, que deve contribuir na tarefa de conferir contornos mais precisos aos tipos penais por meio de interpretação a aplicação da norma penal no caso concreto. Dessa forma, na prática e ao longo do tempo, um tipo penal em princípio indeterminado tornar-se-ia determinado.[4] Ademais,

3. STF ARE 953446 AgR / MG, Rel. Min. Dias Toffoli, 29/06/2018:
"EMENTA Agravo regimental no recurso extraordinário com agravo. Matéria criminal. Crime contra o Sistema Financeiro Nacional. Alegação de inconstitucionalidade do art. 4°, parágrafo único, da Lei n° 7.492/86 (gestão temerária). Inexistência. Precedentes. Agravo regimental não provido. 1. A indeterminação do tipo penal previsto no art. 4°, parágrafo único, da Lei n° 7.492/86 não se mostra em grau suficiente para configurar ofensa ao princípio constitucional da legalidade, porquanto perfeitamente apreensível no contexto das condutas de natureza formal tipificadas no âmbito do direito penal econômico, visando a coibição de fraudes e descumprimentos de regras legais e regulamentares que regem o mercado financeiro. 2. Diante da impossibilidade de previsão e descrição de todos os atos temerários que poderiam ser praticados em uma instituição financeira, o legislador se valeu do elemento normativo do tipo traduzido no adjetivo "temerária", absolutamente válido no direito penal. 3. Agravo regimental ao qual se nega provimento."

4. BVerfGE 126, 170, 199. A respeito, na doutrina brasileira, *Leite*, Proibição de retroatividade e alteração jurisprudencial, p. 51.

devemos acrescentar, cabe à ciência jurídica contribuir e auxiliar a jurisprudência nessa missão.

Esse esforço interpretativo deverá permear, por inteiro, o exame do delito em comento, desde a determinação de seu objeto de proteção, passando pela análise da estrutura do delito até os requisitos de tipicidade, antijuridicidade e culpabilidade.

IV.3 Objeto de proteção

A doutrina classifica, de modo praticamente uníssono, o art. 2º, § 1º, da Lei 12.850/2013 como um crime contra a administração da justiça. Desse modo, ele somar-se-ia ao crimes previstos no Capítulo III do Código Penal, ao lado de tipos penais como falso testemunho (art. 342 CP), coação no curso do processo (art. 344 CP), fraude processual (art. 347 CP), favorecimento pessoal (art. 348 CP), favorecimento real (art. 349 CP) etc. No caso específico do crime de obstrução de justiça, afirma-se que a finalidade da proibição penal é proteger a atuação investigativa do Estado no âmbito da criminalidade organizada.[5]

É necessário, todavia, realizar uma distinção e precisar o objeto de proteção do tipo penal do art. 2º, § 1º da Lei 12.850/2013, à luz dos demais crimes contra a administração da justiça.

Os crimes contra a administração da justiça podem ser divididos em dois blocos.[6] No primeiro bloco, reúnem-se aqueles que atentam contra os *meios* de que dispõe o Estado para apurar infrações, aplicar as normas por meio de decisões judiciais e executá-las. Esses crimes, portanto, atingem diretamente o aparato persecutório do Estado.

5. Cf. *Bitencourt/Busato*. Comentários à Lei de Organização Criminosa, p. 82-93: "Tutela-se o interesse de que a justiça não seja obstada ou desvirtuada por qualquer fator estranho ao seu desenvolvimento válido e regular, sem embaraços ou protelações indevidas e ilegítimas nas investigações"; de forma mais simples *Silva*, Organizações criminosas, p. 29: "O objeto jurídico do crime é a administração da justiça, pois o Estado tem interesse no regular andamento das investigações criminais".

6. Essa distinção encontra-se já em *Horta/Teixeira*, Da autolavagem de capitais como ato posterior coapenado, p. 27 e ss. Distinção próxima já em *Fragoso*, Lições Parte Especial v. II, p. 495, que diferenciava entre os fatos que atentam contra a *atividade judiciária* e os que atentam contra a *autoridade das decisões judiciais*.

Trata-se, por exemplo, dos crimes de falso testemunho (art. 342 CP), coação no curso do processo (art. 344 CP), fraude processual (art. 347 CP) comunicação falsa de crime ou contravenção (art. 340 do CP), o suborno de perito, (art. 343 do CP), patrocínio infiel (art. 355 do CP), violência ou fraude na arrematação judicial (art. 358 do CP).

Pertencem ao segundo bloco os crimes que não atingem diretamente o funcionamento do aparato persecutório Estado, mas que comprometem os *resultados* que esse visa alcançar, que são a aplicação da lei e a realização da justiça. Mencionam-se os crimes de reingresso de estrangeiro expulso (art. 338 do CP), desobediência à decisão judicial (art. 359), favorecimento pessoal (art. 348), favorecimento real (art. 349) e lavagem de dinheiro (arts. 1º e 2º da Lei 9.613/1998). Condutas como essas contribuem para a manutenção de uma situação injusta: a impunidade do autor do crime, a asseguração de uma vantagem ilícita ou de um prejuízo ilícito. Nesse sentido, chega-se a dizer que esses tipos penais não possuem bens jurídicos próprios, seus bens jurídicos são os demais bens jurídicos protegidos pelo direito penal.[7]

Em suma, pode-se dizer que existem os crimes contra *os meios da administração* da justiça e os crimes que atingem diretamente *o fim* visado pela administração: a própria *realização da justiça*.

Tendo em vista que a investigação criminal tem por objetivo imediato a apuração de crimes e, posteriormente, conforme o caso, a imposição de uma pena por meio de um processo, ela pode ser classificada como um instrumento, um instituto da administração da justiça que é prejudicada por meio da conduta descrita no Art. 2º, § 1º, da Lei 12.850/2013. Podemos localizar o crime de obstrução de justiça, portanto, no primeiro bloco, que reúne os delitos contra os *meios* da administração da justiça.

A importância prática dessa distinção é que crimes como o de obstrução de justiça atingem, agridem *diretamente* a máquina estatal em sua atividade de persecução. Isso, por sua vez, pressupõe um contato direto do agente com o aparato punitivo do Estado, diferentemente

7. *Schroeder*, Die Straftaten gegen das Strafrecht, p. 11; *idem*, Die Geldwäsche als Straftat gegen die Durchsetzung des Strafrechts, p. 166.

do que ocorre, por exemplo, com condutas como as de favorecimento real e lavagem de dinheiro, em que o contato se dá apenas entre autor do crime antecedente e autor do crime a ele conexo. Logo, *ações que não atentam diretamente contra os mecanismos persecutórios do Estado já não violam o objeto de proteção do crime de obstrução de justiça*. Por exemplo, a mera fuga ou a utilização de outros meios para manter oculta a prática do crime, como a limpeza do local do crime etc., não realizam o conteúdo material de injusto do delito de obstrução, embora, do ponto de vista literal, acabem por prejudicar a elucidação da infração penal.

Ainda em relação ao objeto de proteção do tipo penal em comento, cabe fazer uma última consideração. Quando nos referimos aos meios da administração da justiça, evidentemente estamos falando dos meios legítimos. Não se protege, de modo genérico, a apuração de crimes, mas sim a investigação promovida pelo Estado conforme à lei. Protege-se, como se propõe na Alemanha para o crime de *Strafvereitelung* (traduzindo livremente: frustração da pena), a pretensão punitiva do Estado (*Strafanspruch*). Com isso, o alcance da proibição restringe-se a ações que violem apenas as legítimas prerrogativas, constitucionalmente e legalmente pré-determinadas, do Estado sancionador.[8] Com isso, evita-se alcançar toda ação que, de qualquer modo, interfira na elucidação de um crime, mesmo que essa ação não tangencie as ferramentas persecutórias legalmente pré-determinadas.

Como já referido, apenas a abstrata identificação de um objeto tutelável, cuja proteção seja capaz de legitimar a intervenção do poder punitivo do Estado, não define os limites da incriminação. No caso, cabe-nos previamente investigar, para efeitos de agregar legitimidade ao tipo, se a norma proibitiva não colide com o direito de defesa, o direito à não-autoincriminação, o direto à privacidade etc.

IV.4 Estrutura do delito

Tanto para a legitimação quanto, especialmente, para a interpretação de um tipo penal, é necessário analisar a *estrutura do delito*. Definido o "se" ou o "que" da proibição, cumpre determinar

8. Cf. *Altenhain*, Das Anschlussdelikt, p. 268; *Stumpf*, cit., p. 125; *Hoyer*, SK-STGB § 258 StGB, Nm. 2.

o "como".[9] Concretamente, pergunta-se: trata-se de um delito de resultado ou de mera conduta, em que não há uma distinção espaço-temporal entra a ação e um resultado externo[10] – ou na terminologia usada tradicionalmente no Brasil: crime material ou formal?

Uma leitura direta do tipo penal sugere tratar-se de um delito de resultado, pois as condutas descritas são "impedir" e "embaraçar" investigação de infração penal que envolva organização criminosa. A lei não fala em atos tendentes a ou com potencial para impedir ou embaraçar, mas já se refere diretamente ao resultado dessas ações, qual seja, o impedimento e o embaraço – tal qual nos clássicos crimes de resultado como homicídio ("matar alguém"), lesão corporal ("ofender a integridade corporal ou saúde de outrem") etc.[11]

Bitencourt/Busato não veem dessa maneira, pois classificam o crime de obstrução de justiça como de "mera conduta", em referência à modalidade típica "embaraçar" – a modalidade "impedir" seria sim um crime de resultado[12]. No entanto, exigem os autores que "a conduta do agente tenha não apenas idoneidade para criar transtornos ou empecilhos, atrasando ou dificultando sobremodo a execução do ato, isto é, da investigação criminal, mas que crie efetivamente esse tipo de inconveniente, de modo a demandar outras medidas supletivas e consertivas para que a investigação se efetive". A nosso ver, a criação desse "tipo de inconveniente" já representa um resultado típico, de modo a afastar a caracterização desse crime como de mera conduta. Sobretudo a modalidade típica "embaraçar" não pressupõe um completo prejuízo da investigação. Um ato que provoque, por exemplo, um atraso relevante no inquérito, ainda que ao final este se conclua satisfatoriamente, já configura o crime de obstrução. Ou

9. A respeito dessa distinção *Greco*, "Princípio da ofensividade" e crimes de perigo abstrato, p. 89 e ss.

10. *Roxin*. Strafrecht AT I, p. 330.

11. *Sousa Mendes* (Causalidade complexa e prova penal, p. 29) chama esses verbos de "causativos", que "funcionam como paráfrases de ´causar` a morte, ´causar` a ofensa à integridade física ou `causar´ a subtração de coisa móvel de outra pessoa", fazendo a lei criminal depender necessariamente "a consumação desses crimes, pelo menos, da verificação de uma conexão causal entre a ação do agente e o resultado referido no tipo de crime".

12. *Bitencourt/Busato*, cit., p. 92; assim também *Masson/Marçal*, Crime organizado, p. 121.

seja, o tipo penal exige sim um resultado externo à conduta típica, só que esse resultado não precisa ser necessariamente o completo desmantelamento da investigação. Vale lembrar que também os delitos de perigo concreto são delitos materiais, de resultado. Resultado típico não significa, necessariamente, lesão ao bem jurídico. Delitos de mera conduta ou formais são aqueles que mal admitem tentativa, ou melhor, nos quais tentativa e consumação praticamente se confundem[13] - exemplo clássico: falso testemunho. Esse não é o caso do crime de obstrução de justiça.

A jurisprudência do STF confirma esse diagnóstico, eis que, em decisões de recebimento ou rejeição de denúncia, alude à modalidade tentada do delito, como se verá adiante.

IV.5 Tipo objetivo

A. Sujeito ativo

O Art. 2º, § 1º, da Lei 12.850/2013 é um crime comum, que pode ser praticado por qualquer pessoa, não exigindo, para a atribuição de autoria, nenhuma qualidade especial do agente. No entanto, um possível autor do crime merece atenção especial: o *investigado*.

Embora inexista, no texto legal, qualquer ressalva quanto à possibilidade de o investigado figurar como autor do crime de obstrução de justiça, na sistemática dos crimes contra a administração da justiça, é comum isentar-se o réu ou investigado de pena quando sua conduta se destina a evitar sua própria punição. É o que se dá, por exemplo, no crime de favorecimento pessoal (art. 348 CP), que estende a impunibilidade até mesmo ao ascendente, descendente, cônjuge ou irmão do criminoso (art. 348 CP, §2º).[14]

13. Cf. *Tornaghi*, A questão do crime formal, p. 1i: "Porque o crime formal é o que se consuma com o ´material da tentativa`"; cf. também *Roxin*, Strafrecht AT I, p. 338.

14. cf. *Fragoso*, cit., p. 530: "Sujeito ativo pode ser qualquer pessoa. Não poderá, todavia, praticar este crime, quem tenha de qualquer forma participado no crime anterior, o que ocorrerá se o auxílio prestado foi prometido previamente ou durante a execução. *Não é punível o autofavorecimento*" (nosso destaque); da mesma forma, já anteriormente *Hungria*, Comentários ao Código Penal IX, p. 502.

A situação é ainda mais clara no direito comparado, especialmente de tradição romano-germânica. Por exemplo, na Alemanha, no delito que mais se aproxima ao nosso tipo penal de obstrução de justiça, qual o seja o *Strafvereitelung* previsto no § 258 StGB (Strafgesetzbuch=Código Penal alemão), há uma cláusula expressa (inc. 5) que prevê que não será punido aquele que, com a conduta, "ao mesmo tempo quer impedir, completa ou parcialmente, que ele mesmo seja punido ou que uma pena ou medida contra ele já impostas sejam executadas"[15]. Para o Tribunal Federal da Alemanha (Bundesgerichtshof = BGH), basta o receio de ser punido, ainda que objetivamente infundado, para atrair a cláusula de exclusão.[16] Além disso, o delito pelo qual o agente teme ser responsabilizado não precisa estar em conexão com o delito cuja investigação ele obstrui[17].

No mesmo sentido dispõe o CP italiano, que, ao final da seção dos crimes contra a Administração da Justiça - incluindo o tipo penal de favorecimento pessoal (art. 378 CP) -, estabelece que "não é punível quem tenha cometido o fato por ter sido forçado pela necessidade de salvar a si mesmo ou a alguém próximo de um dano grave e inevitável para a liberdade ou a honra"[18].

Evidentemente, todavia, o legislador e os tribunais brasileiros não são obrigados a adotar essas regras de direito estrangeiro. A não ser que, por trás dessas regras, haja razões materiais-constitucionais para tanto. É preciso, portanto, investigar a *ratio* dessa exceção de punibilidade.

No contexto dos crimes contra a administração da justiça, aduzem-se basicamente três fundamentos para a exclusão do investigado ou do réu do círculo de autores do delito: (a) caracterização de um pós-fato impunível; (b) observância do direito à não-autoincriminação

15. Wegen Strafvereitelung wird nicht bestraft, wer durch die Tat zugleich ganz oder zum Teil vereiteln will, daß er selbst bestraft oder einer Maßnahme unterworfen wird oder daß eine gegen ihn verhängte Strafe oder Maßnahme vollstreckt wird.

16. BGH NStZ-RR 2002, 215.

17. BGH NJW 1995, 3264.

18. Nei casi previsti dagli articoli 361, 362, 363, 364, 365, 366, 369, 371-bis, 371-ter, 372, 373, 374 e 378, non è punibile chi ha commesso il fatto per esservi stato costretto dalla necessità di salvare sé medesimo o un prossimo congiunto da un grave e inevitabile nocumento nella libertà o nell'onore.

(*nemo tenetur se detegere*); e (c) inexigibilidade de conduta diversa. As peculiaridades do tipo em exame, sobretudo à vista de potencial colidência com a esfera de direitos assegurados ao indivíduo, sugerem que também se analise o problema à luz do (d) direito de defesa. Além desses fundamentos básicos, faremos - especificamente em relação ao delito de obstrução de justiça - algumas considerações ligadas aos direitos à privacidade, à propriedade e à autodeterminação informativa (e).

a Pós-fato impunível

Parte da doutrina brasileira sustenta a impunibilidade do investigado por considerar que a conduta de obstrução de justiça seria um mero *pós-fato impunível* em relação ao crime antecedente, objeto da própria investigação.[19]

O *pós-fato impunível ou o ato posterior coapenado* é uma categoria relacionada ao concurso aparente de normas. Ocorre quando o fato posterior corresponde apenas a um (esperado) asseguramento ou aproveitamento de uma posição ou vantagem obtida por meio do delito prévio.[20] O ato posterior coapenado, segundo a doutrina dominante, consiste numa ofensa, não qualitativamente diversa, ao mesmo bem jurídico ofendido pela conduta típica antecedente.[21] Exemplo: cometer um estelionato (art. 171 CP) para assegurar a posse de um bem furtado (art. 155 CP), contra a mesma vítima. Assim, são apontados como seus requisitos: não lesionar um novo bem jurídico, não provocar um novo dano qualitativamente diverso do anterior (no máximo, agravar o quantitativamente o dano anterior), não prejudicar pessoa diversa daquela ofendida pelo delito anterior.[22]

Vê-se, de saída, que a conduta de impedir ou embaraçar investigação de infração penal não irá, em regra, cumprir os mencionados requisitos. Em geral, o crime antecedente, que deu azo à investigação, e a própria conduta de obstrução atentarão contra pessoas ou

19. *Bitencourt/Busato*, cit., p. 83.

20. *Vogler*, Festschrift für Bockelmann, p. 715, 733 s.

21. *Joerden,* FS Lampe 2003, p. 781; *Bricchetti,* Rivista italiana di diritto e procedura penale, p. 686; *Verde*, En Letra 2016, p. 75 e ss.

22. Classicamente *Honig*, Straflose Vor- und Nachtat, p. 87 ss.

instituições e bens jurídicos diversos.[23] Por exemplo, o sujeito que praticou um homicídio e, após, destrói documentos importantes do inquérito policial. Com efeito, nesse caso não se pode falar em *bis in idem*, cuja evitação é a verdadeira *ratio* do concurso de leis[24], incluindo, evidentemente, o do pós-fato impunível. Diferentemente, por exemplo, da receptação e da maioria dos casos de autolavagem[25], a ação de obstrução não visa assegurar a fruição do produto ou das vantagens do crime antecedente, mas garantir a própria impunidade.

Contudo, é possível imaginar hipóteses de realização formal do crime de obstrução de justiça que atraem, sim, o concurso aparente de normas. Imaginemos um exemplo simples: o sujeito, depois de invadir um domicílio e furtar um cofre, trata de apagar suas digitais dos objetos que tenham estado a seu alcance. Ainda que se cogite, nesta composição cênica, de obstrução de justiça, o conteúdo de injusto do crime estaria consumido pelo(s) crime(s) de furto e/ou invasão de domicílio.

b Direito à não-autoincriminação

Outro óbice que poderia ser levantando contra a punibilidade do investigado que obstrui investigação contra si seria o *nemo tenetur se detegere*.[26] Punir o investigado violaria a sua liberdade de não se autoincriminar.[27]

Essa objeção, contudo, parte de um entendimento um tanto quanto alargado do escopo do direito à não-autoincriminação.[28] O núcleo do princípio do *nemo tenutur,* de longa história[29], é a proteção do

23. Nesse ponto, corretamente, *Masson/Marçal*, cit., p. 117.

24. *Puppe*, in: Nomos Kommentar..., vor § 52 Nm. 2; *Jakobs*, Strafrecht AT, p. 866.

25. Cf. *Horta/Teixeira*, cit., p. 10 e ss.

26. Nesse sentido *Porciúncula*, op. cit., Capítulo 4.

27. Cf. *Silva*, Organizações criminosas, p. 29: "Destruição de provas que podem incriminar a si próprio, se não constituir outro crime, como dano ou furto, eventualmente até pode ensejar um decreto cautelar de prisão, mas não encontra correspondência ao tipo penal em análise".

28. Cf., nesse sentido, a respeito da larga intepretação do nemo tenetur no direito brasileiro *Pacelli*, Breves notas sobre a não autoincriminação, p. 2 e ss.

29. Cf. *Wigmore*, Harvard Law Review 1981, p. 71 e ss.

cidadão contra a obrigação de uma *participação ativa* na sua incriminação.[30] Sua principal e clássica consequência é o direito do réu de permanecer em silêncio e de ser esclarecido sobre isso.[31] Seu âmbito de proteção abarca, ainda, a produção de evidências - produção e entrega de documentos etc - por parte do acusado, quando houver risco penal.[32] Entretanto, o escopo do *nemo tenetur* não se estende ao ponto de representar um salvo conduto para o sujeito desenvolver ações proativas no sentido de evitar a punição.[33] Exatamente nesse sentido flui a argumentação do STJ, em julgado que tratava do crime de fraude processual (art. 347 CP[34]):

> "Uma coisa é o direito a não auto-incriminação. O agente de um crime não é obrigado a permanecer no local do delito, a dizer onde está a arma utilizada ou a confessar. Outra, bem diferente, todavia, é alterar a cena do crime, inovando o estado de lugar, de coisa ou de pessoa, para, criando artificiosamente outra realidade ocular, induzir peritos ou o Juiz a erro."[35]

30. *Marteleto Filho*, Direito à não autoincriminação, p. 64; *Schneider*, Selbstbegünstigungsprinzip, p. 30 ss; *Frister*, *JuS 2013*, p. 1057, 1064; *Kasiske*, *JuS* 2014, p. 15, 17 s; *Rogall*, SK-StPO, vor § 133 Nm. 143.

31. STF HC 80949/RJ, 1ª Turma, Rel. Min. Sepúlveda Pertence, 30/10/2001: " [...] O privilégio contra a autoincriminação - nemo tenetur se detegere -, erigido em garantia fundamental pela Constituição - além da inconstitucionalidade superveniente da parte final do art. 186 C.Pr.Pen. - importou compelir o inquiridor, na polícia ou em juízo, ao dever de advertir o interrogado do seu direito ao silêncio: a falta da advertência - e da sua documentação formal - faz ilícita a prova que, contra si mesmo, forneça o indiciado ou acusado no interrogatório formal e, com mais razão, em "conversa informal" gravada, clandestinamente ou não."

32. *Queijo*, O direito de não produzir prova contra si mesmo, p. 311 e ss.; *Marteleto Filho*, cit., p. 79-80; *Rogall*, SK-StPO, vor § 133 Nm. 146.

33. *Schneider*, Selbstbegünstigungsprinzip...cit, p. 244, 359, passim; nesse sentido, também *Schünemann*, Historie der mißglückten Reformversuche des § 142 StGB, p. 207, 212; entre nós *Masson/Marçal*, cit., p. 117. Nesse sentido, cf. recente decisão do STF/ RE 971.959/2018, em que se declarou a constitucionalidade do crime de fuga do local do acidente, previsto no art. 305 do Código de Trânsito Brasileiro. O Colegiado entende que tal incriminação não afeta o núcleo irredutível do direito à não autoincriminação, qual seja, impedir que o Estado obrigue o investigado ou réu a agir ativamente na produção de prova contra si próprio.

34. "Inovar artificiosamente, na pendência de processo civil ou administrativo, o estado de lugar, de coisa ou de pessoa, com o fim de induzir a erro o juiz ou o perito."

35. STJ HC 137.206/SP, Rel. Ministro NAPOLEÃO NUNES MAIA FILHO, QUINTA TURMA, julgado em 01/12/2009, DJe 01/02/2010.

No âmbito desse mesmo processo, foi impetrado HC no STF (102.828/SP), tendo sido a medida foi indeferida liminarmente pelo Min. Joaquim Barbosa, sob o argumento de que:

> "A alegação de que a acusação de fraude processual se chocaria com o direito constitucional de que ninguém é obrigado a produzir prova contra si, ao menos em sede de cognição sumária, não se sustenta, seja porque os pacientes não foram obrigados a produzir prova contra si, uma vez que os vestígios do crime que eles são acusados de tentar esconder já haviam sido produzidos, seja porque nenhum direito fundamental deve ser interpretado como se fosse um escudo ou uma autorização para a prática impune de fato descrito como crime."[36]

Por outro lado, o *nemo tenetur* tem *sim* o condão de afastar a tipicidade do crime de obstrução de justiça, quando a respectiva conduta obstrutiva é uma *omissão*, uma recusa de colaborar com a investigação.[37] Por exemplo, ficar em silêncio perante a autoridade policial ou não entregar a senha do whatsapp de seu próprio celular a um policial serão sempre *conduta atípicas*, ainda que a manifestação do investigado seja vital para a elucidação dos fatos e sua omissão objetivamente venha a embaraçar ou até mesmo impedir a investigação.[38] Nesse sentido, em relação ao crime de fraude processual, cuja analogia com o crime de obstrução de justiça cabe perfeitamente neste ponto, decidiu a Sexta Turma do STJ, em acórdão relatado pelo Min. Rogerio Schietti Cruz, que afirmou: "A recusa em colaborar para a realização de exame residuográfico traduz lícita manifestação do direito do réu a não produzir provas contra si"[39].

36. Liminar indeferida em 03/03/2010. Disponível em: < http://www.stf.jus.br/arquivo/cms/noticiaNoticiaStf/anexo/hc102828.pdf> . Posteriormente, em 11/10/2013, foi julgado prejudicado o HC, diante de condenação superveniente dos pacientes.

37. Nesse sentido *Baltazar Junior*, Crimes federais, p. 1261: "Em caso de conduta praticada pelo próprio acusado, há de ser considerado o fato de que não tem ele o dever de colaborar com a investigação criminal".

38. Na verdade, não só a não entrega da senha do whatsapp não pode ser criminalizada, ela não pode ser imposta, de qualquer maneira. A respeito cf. *Franck*, RDV 2013, p. 287; nesse sentido também *Basar/Hiéramente*, Datenbeschlagnahme in Wirtschaftsstrafverfahren und die Frage der Datenlöschung, p. 683.

39. STJ Resp 1.351.249/RS, Sexta Turma, Rel. Min. Rogerio Schietti Cruz, 01/06/2017.

De toda sorte, a eventual não-incidência do nemo tenetur - em casos de condutas comissivas, como visto acima - não implica automaticamente que a ação seja criminosa. Outras considerações, ou ligadas a outros direitos fundamentais implicados ou relacionadas a (ausência de) algum requisito típico, devem ser observadas.

c Inexigibilidade de conduta diversa

Por trás das regras de direito comparado mencionadas, que isentam o réu ou investigado de pena em determinados crimes contra a administração da justiça, está a ideia de inexigibilidade de conduta diversa. A razão da não-punibilidade relaciona-se, portanto, à ideia de *culpabilidade*. Segundo essa compreensão, o sujeito que se vê ameaçado de punição encontra-se em uma situação *análoga* ao estado de necessidade *exculpante*.[40]

Contudo, a situação do investigado que pratica uma ação de obstrução diferencia-se sensivelmente de uma situação de estado de necessidade exculpante *stricto sensu*.[41] Isso principalmente porque é o próprio investigado quem, possivelmente, provocou a situação, o que, em geral, afasta a incidência da exculpante (e também da causa de justificação). Conforme o art. 24 CP, "considera-se em estado de necessidade quem pratica o fato para salvar de perigo atual, *que não provocou por sua vontade...*". A mesma cláusula está presente, por exemplo, nas regras de estado de necessidade exculpante do CP alemão (§ 35, "Dies gilt nicht, soweit dem Täter nach den Umständen, namentlich *weil er die Gefahr selbst verursacht hat...*"), do CP espanhol (art. 20, 5°, II, "Que la situación de necesidad no haya sido provocada intencionadamente por el sujeto´") e do CP italiano (art. 54, "pericolo da lui non volontariamente causato").

Isso não quer dizer, todavia, que a exclusão do investigado ou réu do rol dos sujeitos ativos de crimes análogos ao de obstrução de justiça seja um erro dos respectivos legisladores estrangeiros. Pelo contrário, trata-se de uma decisão político-criminal legítima e justificável,[42] tal

40. Com ulteriores referências, em relação ao direito alemão, *Hoyer*, SK-StGB, § 258 Nm. 36.

41. *Schroeder*, Straftaten...cit., p. 30.

42. Para *Schroeder*, Straftaten...cit., p. 31, não é a inexigibilidade de conduta diversa

qual a decisão de nosso legislador de isentar de pena o autor do crime principal, bem como ascendente, descendente, cônjuge ou irmão, do delito de favorecimento pessoal (art. 348, caput e § 2°, CP). O fato de a situação do investigado não configurar, perfeita e tecnicamente, um estado de necessidade apenas nos impede de pleitear, *de lege lata* e de maneira geral e apriorística, a exclusão da punibilidade do investigado pelo crime de obstrução de justiça.

d Direito de defesa

O direito de defesa é um evidente fator de restrição do âmbito de tipicidade do crime de obstrução de justiça. O direito (fundamental) preexiste à zona de criminalização possível - reprisando: é a lei que se move no âmbitos dos direitos fundamentais, e não o inverso - de modo que o uso legítimo de qualquer meio de defesa afasta de plano a tipicidade da conduta.[43] E isso vale, evidentemente, mesmo para atos de defesa que venham, do ponto de vista objetivo, a retardar uma investigação criminal. Com isso, de acordo com as premissas fixadas anteriormente, preserva-se o núcleo essencial do direito fundamental de defesa, com seus meios e recursos, conforme constitucionalmente assegurados, no art. 5°, LV, CF: "aos litigantes, em processo judicial ou administrativo, e aos acusados em geral são assegurados o contraditório e ampla defesa, com os *meios* e *recursos* a ela inerentes".

Nesse sentido orienta-se a sugestão de *Bitencourt/Busato*, segundo os quais o tipo penal do art. 2°, § 1°, da Lei 12.850/2013 conteria uma elementar típica *implícita*, que seria "impedir ou embraçar *indevidamente (ou sem justa causa)* investigação de infração penal que envolva organização criminosa".[44] Para os autores, "há situações em

(*Unzumutbarkeit*) do "pobre infrator" que justificaria a impunibilidade, mas sim a falta de sentido dessa punição. Não há, segundo ele, razões político-criminais, seja ligadas à prevenção geral seja à prevenção especial, para punir o agente, que já será punido pelo delito que praticou, por tentar livrar-se da punição. Isso pressupõe, todavia, que o agente efetivamente seja punido pelo delito principal. Isso quer dizer que a punibilidade pelo crime contra a administração da justiça (ou, na nomenclatura de Schroeder, "contra o direito penal") é subsidiária em relação ao delito principal.

43. Do mesmo modo, no direito alemão, cf. *Altenhain*, NK-StGB, § 258 Nm. 32; *Hecker*, Sch-Sch-StGB, § 258 m. 19.

44. *Bitencourt/Busato*, cit., p. 85 e ss; igualmente *Masson/Marçal*, cit., p. 115.

que o impedimento ou perturbação são não apenas legítimos, mas necessários, como, por exemplo, a utilização de qualquer medida cautelar para suspender, interromper (impedir) ou anular investigação criminal em curso, que se mostre abusiva, injustificada ou indevida". Voltamos ao ponto: onde estejamos diante de uma ação de resistência defensiva, logo, abrangida pelos direitos fundamentais correlatos, estaremos, paralelamente, diante de uma zona de intervenção penal constitucionalmente proibida.

Esse raciocínio, correto em sua essência, também se coaduna com a ideia de *risco permitido*.[45] Há ações que, embora possam tangenciar determinados bem jurídicos, são toleradas ou até mesmo protegidas pelo ordenamento jurídico - ex: dirigir conforme as regras de trânsito. Ações como essas não são apenas lícitas, mas já *atípicas*. Ao contrário de hipóteses de incidência de uma causa de justificação, como o estado de necessidade, condutas cobertas pelo risco permitido não reclamam uma ponderação de bens no caso concreto; elas são sempre permitidas.[46]

Assim, o dispositivo incriminador da obstrução de justiça deve ser interpretado de modo *acessório* em relação ao direito processual penal[47] - e, antes disso, à própria Constituição. O que a Constituição e o direito processual penal admitem não pode o direito penal, ao mesmo tempo, proibir. Não há dúvidas de que, embora ainda se atribua ao inquérito um caráter inquisitório, deve-se garantir ao investigado a ampla defesa.[48] Assim, não caberia questionar-se a ação da defesa que questione a própria legalidade da ação do Estado, ainda que na fase do inquérito (*v.g.*, mediante a impetração de habeas corpus, contra uma prisão, ou de mandado de segurança para assegurar acesso aos autos).[49]

Nesse tocante, cabe mencionar a Reclamação STF 25.048/PR, tendo como reclamante Luiz Inácio Lula da Silva e Reclamado o Juízo

45. *Hoyer*, cit., Nm. 24 e ss.
46. Cf. *Roxin/Greco*, cit., § 11B Nm. 66.
47. *Stumpf*, wistra 2001, p. 123; *Hecker*, Sch-Sch-StGB, § 258 m. 19.
48. Cf. *Badaró*, Processo Penal, p. 128.
49. *Badaró*, cit., p. 128; *Masson/Marçal*, cit., p. 115.

da 13ª Vara Federal Criminal de Curitiba/PR.[50] As razões trazidas, em síntese, sustentavam a usurpação, pela autoridade reclamada, da competência do STF, onde tramitava o Inquérito 3989, com fatos correlatos aos investigados perante a 13ª Vara Federal de Curitiba. Ao final da decisão, que negou seguimento à reclamação, o Min. Teori Zavascki parece considerar que o exercício da defesa técnica, perante o próprio STF, representaria uma tentativa de embaraço às investigações.

> "6. Registre-se, por fim, que tramita nesta Corte a Rcl 24.619, por meio da qual o ora reclamante também alega usurpação da competência do STF, sob o fundamento de que o juízo da 13ª Vara Federal da Subseção Judiciária de Curitiba teria indevidamente mantido sob seu controle medida cautelar de interceptação telefônica envolvendo Ministros de Estado, membros do Congresso Nacional e Ministro do Tribunal de Contas da União. Apesar de esses argumentos serem objeto de análise naqueles autos, tal quadro revela a insistência do reclamante em dar aos procedimentos investigatórios contornos de ilegalidade, como se isso fosse a regra. Nesse contexto, é importante destacar que esta Corte possui amplo conhecimento dos processos (inquéritos e ações penais) que buscam investigar supostos crimes praticados no âmbito da Petrobras, com seus contornos e suas limitações, de modo que os argumentos agora trazidos nesta reclamação constitui mais uma das diversas tentativas da defesa de embaraçar as apurações.
>
> 7. Diante do exposto, nego seguimento ao pedido (art. 21, § 1º, RISTF)".

Da decisão foi interposto agravo regimental[51], negado por unanimidade. Pertinente, no entanto, pontuar a reforma da decisão monocrática em juízo de retratação:

> "No tocante ao argumento de que "não é possível identificar no parágrafo nº 6 da r. decisão agravada qualquer fundamento [...]

50. Rcl 25048 AgR, Relator(a): Min. TEORI ZAVASCKI, Segunda Turma, julgado em 04/10/2016, PROCESSO ELETRÔNICO DJe-212 DIVULG 18-09-2017 PUBLIC 19-09-2017.

51. Rcl 25048 AgR, Relator(a): Min. TEORI ZAVASCKI, Segunda Turma, julgado em 04/10/2016, PROCESSO ELETRÔNICO DJe-212 DIVULG 18-09-2017 PUBLIC 19-09-2017.

> que possa afastar a usurpação de competência exposta na petição inicial", é de se reconhecer ter sido inadequada, nas circunstâncias do caso e no que possa ser interpretada como pejorativa ao agravante, a expressão utilizada na parte final do referido item 6, qualificando certos fundamentos da reclamação como "tentativas da defesa de embaraçar as apurações". O sentido da afirmação deve ficar compreendido como destinado unicamente a pontuar os já reiterados pronunciamentos da Corte contrários à tese da defesa (Reclamações 18.875, 18.930 e 20.175-AgR). Aliás, haveria uma contradição interna à própria decisão afirmar, simultaneamente, (a) que não é da competência do STF apurar e promover os atos investigatórios nela referidos e (b), ao mesmo tempo, fazer juízo de valor sobre a existência de embaraços a essa apuração, atribuída a outra instância judiciária. Nesse ponto, portanto, tem razão o agravante, o que, todavia, não compromete a conclusão sobre o mérito da reclamação, tal como enfrentado e decidido na decisão agravada".

Deve-se pontuar ainda que os atos de defesa legítimos não se limitam àqueles tipificados, previstos expressamente em lei. Portanto, é possível estabelecer uma distinção entre, de um lado, *atos típicos* e *atípicos* de defesa (ambos legítimos) e, de outro, *atos ilegais* de defesa (ex: pagar uma testemunha para mentir a seu favor[52]). Apenas os últimos podem configurar crime de obstrução de justiça, desde que os demais requisitos típicos estejam preenchidos. Ou seja, o investigado pode fazer tudo em proveito de sua defesa que não seja em si ilícito.[53]

As mesmas considerações desenvolvidas para o investigado valem, no tocante à restrição típica operada pelo exercício de defesa, para o seu defensor ou advogado. Afinal, o direito de defesa do cidadão é exercido, em grande parte, por seu defensor constituído. A restrição no âmbito da tipicidade justifica-se ainda pelo fato de que várias das condutas do defensor, as quais objetivamente podem vir a dificultar ou protelar a investigação, representam o *regular exercício*

52. *Hoyer*, cit., Nm. 27. Exige-se, para tanto, dolo direto em relação à falsidade do depoimento.

53. *Hecker*, Sch-Sch-StGB, § 258 Nm. 19.

de sua profissão. Seus atos, quando não extrapolem o legalmente permitido, podem ser considerados *condutas neutras*[54], em analogia a essa conhecida figura no terreno da cumplicidade[55].

Igualmente, o defensor pode praticar condutas processualmente "atípicas", ou seja, carentes de tipicidade processual. Decerto, a defesa não pode ser restringida - e menos ainda criminalizada - pela ausência de previsão legal específica para determinada manifestação ou requerimento que se revele oportuno - adequado ou mesmo necessário - ao exercício da defesa. A defesa deve ter a liberdade de reivindicar, não sendo legítimo dissuadi-la de fazê-lo. Ao contrário da ação processual do Estado-acusação, limitada pela lei, o exercício de uma ação defensiva, para que seja apreciado, não necessita encontrar tipicidade procedimental. Aqui há de prevalecer o princípio da *atipicidade processual*, conforme o qual o defensor está autorizado a lançar mão de manifestações que, a despeito de não expressamente previstas, não lhe sejam vedadas por lei.

Outrossim, e já para assentar o essencial e inequívoco: nenhuma orientação juridicamente viável pode ser acoimada de ilegal - ou obstacularizadora da justiça - pela natureza não-colaborativa que externe. O advogado pode logicamente convencer seu cliente a não confessar (ou delatar); tampouco lhe é impeditivo que discuta estratégia de defesa com corréus e suas respectivas defesas[56].

e Considerações ligadas aos direitos à privacidade, à propriedade e à autodeterminação informativa

O tipo penal de obstrução de justiça encontra limites ainda quando se trata de condutas que não extrapolem as esferas de privacidade (art. 5º, X, CF), propriedade (art. 5º, XXII) e liberdade informativa (art. 2º, II, Lei 13.709/2019) do cidadão. Trata-se de condutas que, embora possam em tese dificultar a atuação persecutória na elucidação de fatos, recaem sobre objetos em total poder de disposição

54. *Hoyer*, cit., Nm. 25.

55. Cf. *Greco*, Cumplicidade através de ações neutras, passim; *Robles Planas*., RBCC 2018, p. 190 e ss.

56. *Hecker*, cit., Nm. 20.

dos indivíduos. Não reconhecer essa esfera de liberdade significaria, por exemplo, incriminar *autonomamente* a conduta de limpar-se, removendo do próprio corpo qualquer vestígio de sangue que poderia ser usado como indício em uma investigação e posteriormente como prova em um processo criminal.

Esse raciocínio aplica-se igualmente para outros objetos produzidos pelo indivíduo, como registros escritos e mensagens privadas. O sujeito é soberano em relação às anotações ou comunicações que produza ou seja destinatário, e que estejam a seu alcance. Em linha de princípio, no âmbito de sua liberdade individual, o sujeito não está obrigado a manter *e-mails* ou o histórico de suas conversas de *whatsapp*. Do mesmo modo, o proprietário pode dispor de seus aparelhos eletrônicos, e até mesmo destruí-los. Isso decorre dos direitos à privacidade e de propriedade, cujo exercício está, em primeira mão, à disposição de seu titular.

A situação é distinta quando objetos de titularidade do indivíduo e comunicações de natureza privada são legitimamente apreendidos pelo Estado, que passa a custodiá-los. Por exemplo, o indivíduo não pode, mediante acesso aos autos, pretextar o direito de propriedade para destruir o aparelho celular que fora apreendido; embora em caráter cautelar, o objeto já não se encontra na esfera de disposição do indivíduo.

Esse critério de delimitação coaduna-se com a concepção de bem jurídico do crime de obstrução de justiça anteriormente delineada, o qual caracterizamos como um crime contra *os meios* da administração da justiça.

B Conduta e objeto da ação

a Impedir ou embaraçar

O tipo penal de obstrução de justiça da Lei 12.850/2013 contém dois verbos típicos: “impedir” e “embaraçar”.

“Impedir”, evidentemente, constitui a modalidade típica mais intensa e a que, indubitavelmente, traz a exigência de um resultado típico. Aqui, para o crime se consumar, é necessário que a ação efetivamente impeça a instauração ou a continuação de uma investigação criminal.[57]

Por sua vez, "embaraçar" apresenta-se como modalidade típica subsidiária, porém de maior abrangência, contemplando ações que não sejam capazes de efetivamente "impedir" a investigação de infração criminal; até mesmo por isso, é esperado que a imputação prefira aquele a este.

Assim, o verdadeiro desafio do intérprete e do aplicador do direito é determinar o teor e a extensão do verbo típico "embaraçar". Na linguagem cotidiana corrente, da qual se deve partir para interpretar os tipos penais[58], embaraçar é atrapalhar, constranger, dificultar, estorvar, obstruir, perturbar etc. O tipo penal ainda traz a expressão "de qualquer forma", que torna essa modalidade típica ainda mais aberta.[59]

A breve história do crime de obstrução de justiça não permite uma análise da casuística jurisprudencial, por meio da qual se poderia aferir como nossos tribunais têm apreendido o sentido de "embaraçar". É possível e necessário, contudo, já apontar para hipóteses mais evidentes de realização de tipo e analisar possíveis casos limítrofes.

Uma hipótese clara de realização do tipo na modalidade "embaraçar" é o primeiro caso-exemplo que apresentamos acima, em que policiais e um delegado de polícia violam um sigilo de operações em favor dos investigados e lhes vendem equipamentos de contrainteligência, o que acaba por dificultar o sucesso da investigação. Ainda que, ao final, os agentes corruptos sejam substituídos e a investigação termine de modo satisfatório, elucidando os fatos e permitindo a responsabilização dos infratores, o *atraso significativo (causado pelas condutas)* das operações pode equivaler a um embaraço no sentido do tipo penal de obstrução de justiça.[60]

57. *Bitencourt/Busato*, cit., p. 93.
58. *Schünemann*, Espiral ou ovo estrelado?, p. 290.
59. Nesse sentido, *Nucci*, cit., p. 24.
60. Muito discutido na Alemanha cf. *Rudolphi*, JuS 1985, p. 861.

Situações limítrofes, por outro lado, apresentam-se, por exemplo, no caso de *ações indiretas*, nas quais o agente influencia ou tenta influenciar outro agente no sentido de dificultar uma investigação, evitando um evento fundamental para seu desenvolvimento e sucesso. No Brasil, uma situação como essa é a do investigado ou potencial investigado que procura dissuadir um potencial delator.

Na sistemática da teoria do delito, a estrutura de uma ação como essa equivale à categoria da participação em sentido estrito, mais especificamente à figura da instigação. Esta significa provocar a resolução delitiva de outrem, que, por conta própria, vem a praticar o crime.[61] Tanto em um sistema unitário de concurso de agentes quanto em um sistema diferenciador, essa forma de atuação indireta, uma *contribuição sem domínio*[62], pode adquirir sim relevância penal- e, em muitos casos, tal qual uma ação de autoria direta, como expressamente no Código Penal português[63].

Isso ocorre, contudo, quando alguns requisitos estão presentes. O primeiro deles é o que nos importa: a existência de um fato principal ilícito[64] - no sistema brasileiro essa noção de acessoriedade manifesta-se no art. 31 CP[65]. Uma instigação somente adquire relevância penal se o fato objeto da instigação for ao menos típico, ou seja, objetivamente corresponder a um crime, a uma conduta proibida. A instigação a comportamento lícito não guarda qualquer relevância penal. [66]

Logo, a tentativa de influenciar potencial delator não poder ser

61. *Cirino dos Santos*, Direito Penal Parte Geral, p. 389; com detalhes a respeito do conceito de instigação cf. *Camargo*, A teoria do concurso de pessoas, p. 40 e ss., 290 e ss, passim.

62. *Greco/Teixeira*, Autoria como realização do tipo, p. 65.

63. "Art. 26: É punível como autor quem executar o facto, por si mesmo ou por intermédio de outrem, ou tomar parte directa na sua execução, por acordo ou juntamente com outro ou outros, e *ainda quem, dolosamente, determinar outra pessoa à prática do facto, desde que haja execução ou começo de execução.*"

64. *Cirino dos Santos*, cit., p. 391: "a punibilidade da instigação também pressupõe tipo de injusto consumado ou tentado".

65. "Art. 31 - O ajuste, a determinação ou instigação e o auxílio, salvo disposição expressa em contrário, não são puníveis, se o crime não chega, pelo menos, a ser tentado."

66. Nesse sentido, *Stumpf*, cit., p. 126 e ss..

incriminada, porque deixar de celebrar um acordo de colaboração premiada é um ato claramente lícito, eis que não existe *obrigação* de colaborar. O caráter voluntário da colaboração não é somente moral e constitucionalmente assegurado, mas deriva diretamente da lei - Art. 4º, da Lei 12.850/2013: "juiz poderá, a requerimento das partes, conceder o perdão judicial, reduzir em até 2/3 (dois terços) a pena privativa de liberdade ou substituí-la por restritiva de direitos daquele que tenha colaborado efetiva e *voluntariamente* com a investigação....".

b Investigação de infração penal

O objeto da conduta incriminada é "investigação de infração penal que envolva organização criminosa". É sobre ele que as condutas de "impedir" e "embaraçar" atuam. Primeiramente, é preciso que se trate de uma investigação concreta, formalmente instaurada, delimitável no tempo e no espaço. Assim, tal como no homicídio o objeto material é a vítima (*alguém*), no delito de obstrução de justiça a ação humana deve recair sobre uma específica investigação de infração penal.

Essa observação se faz necessária diante da tentativa de incriminação de ações legislativas que teriam o suposto efeito de travar investigações ou promover anistia de determinados fatos (caso-exemplo 5). Nesse sentido, mostra-se incorreto o entendimento da maioria da Primeira Turma do STF no Inquérito 4506, que aceitou imputação feita contra Deputado Federal acusado de obstrução de justiça, por supostamente articular, ainda enquanto Senador, a aprovação de projeto de lei tendente a conceder "anistia" ao denominado caixa dois eleitoral. Correto, no entanto, foi o entendimento, que restou vencido, do relator, o Min. Marco Aurélio:

> "Quanto ao delito do artigo 2º, § 1º, da Lei nº 12.850/2013, tem-se que, no tocante à suposta atuação do Senador visando a aprovação casuística falsidade crime de eleitoral, de anistia ao chamado "caixa dois" ideológica eleitoral, previsto no artigo 350 do Código Eleitoral, inexistem sinais a levarem a concluir pela prática de ato voltado a impedir as retaliando as instituições à frente da investigações ou embaraçá-las, Operação Lava Jato. A articulação política é inerente ao presidencialismo de coalização e não pode ser criminalizada, sob pena de ofensa à imunidade

material dos parlamentares. Nesse ponto, mostra-se insuficiente o que veiculado na peça acusatória."[67]

O argumento da criminalização indevida da atuação parlamentar é correto. No entanto, já há uma razão anterior, mais simples, de ordem técnico-jurídica, que fulmina a imputação analisada. O tipo penal pressupõe investigação criminal delimitada no tempo e no espaço. De modo que um projeto de lei apenas poderia vir a obstruir investigações em sentido genérico, ou até mesmo metafórico. A denominada "anistia" de caixa dois eleitoral, além de constituir uma impropriedade, fruto de uma discussão mal conduzida[68], opera no nível descriminalizador, essencialmente político-legislativo, apartado do nível administrativo pertinente à conduta proibida pelo art. 2º, § 1º, da Lei 12.850/2013. Ademais, se esse raciocínio criminalizante estivesse correto - o que apenas se admite como exercício argumentativo -, uma hipotética reforma da parte geral do Código Penal, que viesse a reconhecer uma nova excludente de ilicitude, poderia, então, ser considerada obstrução de justiça - como também poderia sê-lo a descriminalização de determinada conduta. Ou seja, o exercício da própria atividade político-legislativa - a envolver os Poderes Legislativo e Executivo - estaria contingenciado pelas atuais leis incriminadoras, o que logicamente não se sustenta.

Portanto, considerar que ações legislativas, conceitualmente de índole geral e abstrata, podem realizar o tipo penal de obstrução de justiça afigura-se um substancial afastamento dos limites semânticos da norma e, portanto, uma patente violação do princípio da legalidade.

Outra questão de grande relevância acerca da elementar típica ora analisada diz respeito à seguinte indagação: a expressão "investigação de infração penal" compreende também o *processo criminal*? Parte da doutrina[69] e da jurisprudência o admitem. Na análise do Inquérito

67. STF Inq 4506, 1ª Turma, Rel. Min. Marco Aurélio, Redator do acórdão Min. Roberto Barroso, 17/04/2018. No entanto, a denúncia foi recebida quanto ao crime de obstrução de justiça, em relação à suposta conduta de influenciar na escolha de delegados de Polícia Federal, que poderiam conduzir inquéritos favoravelmente ao réu e demais investigados.

68. Cf. *Leite/Teixeira*, Financiamento de partidos políticos, caixa dois eleitoral e corrupção, p. 137 e ss.

69. *Nucci*, Organização Criminosa, p. 24-25. Em sentido diverso *Baltazar Junior*,

4.720, fundamentando recebimento de denúncia, o Min. Fachin, relator, entendeu que os atos de obstrução praticados no curso da instrução - ou seja, findas as investigações do inquérito - também são abarcados pelo tipo penal do art. 2º, § 1º, da Lei das Organizações Criminosas. Como fundamento, aduziu:

> "Assim, destinando-se o art. 2º, § 1º, da Lei 12.850/2013 a tutelar a administração da justiça, e sendo certo que os elementos de informação obtidos no curso das investigações serve-se à formação do convencimento do magistrado no exercício da prestação jurisdicional, eventuais condutas dolosas tendentes ao embaraçamento dos atos de investigação já praticados também se incluem no âmbito de proteção da norma penal, diante da amplitude conceitual que deve ser emprestada ao bem jurídico protegido. [...]
>
> Desse modo, o crime em análise também tutela o produto das investigações, o qual integra, insisto, os elementos de conhecimento sobre os quais o juiz formará o seu convencimento, motivo pelo qual, ainda que deflagrada a fase processual, eventuais condutas tendentes a embaraçar os atos investigativos já produzidos amoldam-se ao tipo penal, que tem por bem jurídico tutelado, como visto, a administração da justiça. Convém ressaltar, de passagem, que embora seja certo que o Direito Penal pátrio é regido pelo princípio da legalidade estrita, que serve como limite à atuação jurisdicional na responsabilização criminal, o recurso à técnica da interpretação extensiva não é proibido, em absoluto, no juízo de subsunção do fato à norma penal incriminadora, podendo o magistrado dela valer-se desde que guarde fidelidade à mens legis".[70]

Na mesma linha tem se manifestado a Quinta Turma do STJ. Em recente acórdão, aduziu o relator, o Min. Joel Paciornik, em um caso envolvendo a ameaça a familiares de testemunha:

> "Com efeito, as investigações se prolongam durante toda a persecução criminal, que abarca tanto o inquérito policial quanto a ação penal deflagrada pelo recebimento da denúncia. Com efeito, não havendo o legislador inserido no tipo a expressão estrita "in-

cit., p. 1261: "O objeto da ação será a *investigação* de infração penal que envolva organização criminosa, não podendo ser reconhecido o delito quando a conduta se der na fase de ação penal".

70. STF Inq 4720, Rel. Min. Edson Fachin, j. em 06/11/2018, public. 22/11/2018.

> quérito policial", compreende-se ter conferido à investigação de infração penal o sentido de persecução penal como um todo, até porque carece de razoabilidade punir mais severamente a obstrução das investigações do inquérito do que a obstrução da ação penal.
>
> Frise-se que também no curso da ação penal são feitas investigações e diligências objetivando a busca da verdade real, sendo certo que as investigações feitas no curso do inquérito, como no da ação penal, se diferenciam, primordialmente, no que diz respeito à amplitude do contraditório, ampla defesa e o devido processo legal. Ressalta-se que a persecução penal é contínua não havendo de se falar em estancamento das investigações com o recebimento da denúncia."[71]

Nesse ponto, não é possível concordar com a posição de nossos Tribunais Superiores. De fato, tendo em vista o fim de proteção da norma, que é proteger a administração de justiça de interferências externas, seria pelo menos aceitável que o dispositivo penal também compreendesse ações de obstrução do processo criminal em sentido estrito. No entanto, o bem jurídico protegido ou a finalidade de proteção da norma são *topoi* legítimos, porém apenas *adicionais* na interpretação de um tipo penal, que deve mover-se dentro dos limites do sentido literal possível dos termos que compõem a norma incriminadora.[72] Casos como esse, que poderia ser classificado como de *sub ou infrainclusão* (o sentido literal possível dos termos do tipo não alcança todo o substrato fático pretendido pelo fim da norma incriminadora)[73], não podem ser resolvidos pelo uso de analogia no caso concreto. O intérprete não pode criar novas elementares típicas para ampliar o alcance do tipo (contra o réu), ainda que isso seja racional de um ponto de vista político-criminal.[74]

71. STJ HC 487.962/2019, 5ª Turma, Relator Min. Joel Paciornik, 28/05/2019; em sentido próximo STJ, RHC nº 102117, Joel Ilan Paciornik, 5ª Turma, DJE 19/10/2018.

72. Cf. *Silva Sánchez*, Sobre la "interpretación" teleológica em Derecho Penal, p. 368: "En todo caso, la referencia al tenor literal (mejor: a la asignación de sentido sobre la base de reglas ingüisticas) como limite a las demás operaciones interpretativas es especialmente clara em Derecho Penal, lo que se associa a consideraciones de seguridade jurídica y legitimidade democrática."

73. *Silva Sánchez*, Sobre la "interpretación" teleológica...cit., p. 378.

74. Cf, *Schünemann*, Nulla Poena Sine Lege, p. 4, passim; *Seebode*, Wortlautgrenze und Strafbedürfnis, p. 781; *Kuhlen*, cit., p. 36; *Puppe*, Kleine Schule des juristischen

No caso, o legislador referiu-se expressamente a *investigação* de infração penal, termo técnico, previsto no Código de Processo Penal, que não se confunde com a ação ou o processo penal.[75] A própria Lei 12.850/2013, em seu preâmbulo, diferencia entre os momentos da investigação e do processo ou procedimento criminal: "Define organização criminosa e dispõe *sobre a investigação criminal*, os meios de obtenção da prova, infrações penais correlatas e o *procedimento criminal*". O mesmo se nota no art. 4º: "O juiz poderá, a requerimento das partes, conceder o perdão judicial, reduzir em até 2/3 (dois terços) a pena privativa de liberdade ou substituí-la por restritiva de direitos daquele que tenha colaborado efetiva e voluntariamente com *a investigação* e com o *processo criminal*, desde que dessa colaboração advenha um ou mais dos seguintes resultados". Essa distinção mostra-se ainda mais clara no tipo penal do art. 21: "Recusar ou omitir dados cadastrais, registros, documentos e informações requisitadas pelo juiz, Ministério Público ou delegado de polícia, *no curso de investigação ou do processo*".

Vê-se, portanto, que o sentido técnico que se deve emprestar ao elemento normativo "investigação de infração penal" não se estende, conforme a própria lei, ao processo criminal.[76] Ampliar, portanto, o alcance do tipo penal para condutas praticadas no curso da instrução não seria uma mera interpretação extensiva (já de discutível legitimidade), como afirmou o Min. Fachin e sustenta parte da doutrina[77], mas sim verdadeira analogia *in malam partem*.[78]

Denkens, p. 120, 123, 163; *Leite*, Dolo e o crime de dispensa ou inexigência ilegal de licitação, p. 17 e ss; nesse sentido também *Ávila*, Constituição...cit., p. 59: "Não pode o intérprete alterar o significado fixado pelo legislador em favor de outro que ele entenda melhor, de um lado, porque tal estratégia argumentativa, no âmbito de dispositivos que atribuem poder ao Estado ou que asseguram garantias ao indivíduo, transforma a intepretação em criação de significados. Como dito, interpretar, em termos gerais, não significa criar significados, pois as palavras e expressões comportam significados que preexistem à atividade interpretativa individual".

75. Assim *Bitencourt/Busato*, cit., p. 87.

76. Por outro lado, PICs (Procedimentos de Investigação Criminal) do Ministério Público estariam abrangidos pela elementar típica, pois se trata justamente de um procedimento do Estado com caráter eminentemente investigatório. Nesse sentido corretamente, *Masson/Marçal*, Crime organizado, p. 113.

77. *Masson/Marçal*, cit., p. 113, com diversas referências.

78. Nesse sentido *Bitencourt/Busato*, cit., p. 89. Cf. também *Puppe*, Kleine Schule...

Tratando-se de um crime contra a administração da justiça, pressupõe-se que a investigação de infração penal a que se refere o tipo seja de titularidade do poder público. Em termos práticos, isso quer dizer que eventual impedimento ou embaraço de *investigações internas*, levadas a cabo no âmbito do *compliance* de uma empresa privada, não caracteriza o crime de obstrução de justiça. Diferentemente do que se passa nos Estados Unidos, em que a *state action doctrine* da Suprema Corte americana permite que, em determinados casos, ações de embaraço a uma investigação interna (ex: destruição de documentos) possam ser consideradas obstrução de justiça, quando a investigação ocorre no âmbito de uma cooperação com o Department of Justice (DOJ).[79] Esse amplo alcance do crime de obstrução de justiça, segundo o entendimento da Suprema Corte dos EUA, só é possível porque, *diferentemente da lei brasileira*, o tipo penal americano expressamente abarca ações praticadas em relação ou *na contemplação de* uma investigação ou procedimento estatal.[80]

A lei ainda prescreve que se deve tratar de investigação *de infração penal*. Isso exclui do âmbito do tipo condutas de obstrução no contexto de inquéritos e investigações de natureza administrativa, que não tenham como objeto específico a apuração de infração penal.

Por fim, é preciso que a ação humana recaia sobre investigação de infração penal que envolva *organização criminosa*. E a tanto não basta que a investigação mire vários investigados, que teriam atuado conjuntamente. Concurso de agentes não é sinônimo de organização

cit., p. 163: "Se da interpretação gramatical resultar que não é possível subsumir o caso concreto ao suporte fático da norma, esta só poderá ser aplicada por meio de analogia" (Führt die grammatische Interpretaion zu dem negativen Ergebnis, dass der vorliegende Einzelfall unter den Tatbestand der Norm nicht subsumierbar ist, so kann die Norm auf diensen Fall nur im Wege der Analogie angewandt werden - tradução livre).

79. Criticamente a respeito,cf. *Buchholz*, New England Law Review 2012, p. 814 e ss.

80. 18 U.S.C § 1519: "Whoever knowingly alters, destroys, mutilates, conceals, covers up, falsifies, or makes a false entry in any record, document, or tangible object with the intent to impede, obstruct, or influence the investigation or proper administration of any matter within the jurisdiction of any department or agency of the United States or any case filed under title 11, or in relation to or contemplation of any such matter or case, shall be fined under this title, imprisoned not more than 20 years, or both." Essa modalidade típica é conhecida como "anticipatory obstructions of justice", a respeito cf. *Lavin* et al, Obstruction of Justice, p. 1235

criminosa.[81] Assim, é requisito típico do crime em comento que a investigação minimamente trabalhe com a possibilidade concreta de atuação de uma verdadeira organização criminosa.

C Causalidade e imputação objetiva

Como todo crime de resultado, ainda pertencem à análise do tipo objetivo a verificação do nexo de causalidade e da imputação objetiva. No entanto, é difícil vislumbrar problemas nessas etapas, no âmbito do crime de obstrução de justiça. Relevantes seriam os casos em que a investigação malogra independentemente da conduta de obstrução, ou seja, em que o comportamento do agente não é causal ou objetivamente imputável para o embaraço ou impedimento da investigação.[82] Exemplo: o indivíduo, mediante ameaça, tenta convencer testemunha a não prestar depoimento no âmbito do inquérito; a testemunha, no entanto, deixa de fazê-lo por ter sido "comprada" por outro investigado. Nesse caso, a conduta do agente sequer foi causal para o resultado "embaraço", eis que foi suplantada por outra causa, o que sói na doutrina chamar-se de "causalidade ultrapassante" ou "causalidade virtual".[83]

Em casos como esse, todavia, ainda haveria de ser analisada a punibilidade da tentativa, assunto de que trataremos mais à frente.

IV.6 Tipo subjetivo

O tipo subjetivo do crime de obstrução de justiça é composto apenas pelo dolo. Não há exigência no tipo de nenhum elemento subjetivo especial.[84]

Sabe-se que, nos crimes dolosos, tal qual o crime ora analisado, o dolo tem que se referir a todas elementares típicas.[85] Uma repre-

81. *Estellita*, Criminalidade de empresa, quadrilha e organização criminosa, p. 24 e ss., passim.

82. Cf. *Mitsch*, Beschlagnahmevereitelung durch Strafverteidiger, p. 3274.

83. Cf. *Sousa Mendes*, cit., p. 319.

84. *Bitencourt/Busato*, cit., p. 92.

85. *Roxin*, Strafrecht AT...cit., p. 483. Especificamente ao crime de obstrução de justiça, *Bitencourt/Busato*, cit., p. 92.

sentação errônea por parte do agente em relação à presença de uma elementar, no caso concreto, constitui um *erro de tipo*, que exclui o dolo, conforme o art. 20, *caput*, do CP: "O erro sobre elemento constitutivo do tipo legal de crime exclui o dolo, mas permite a punição por crime culposo, se previsto em lei". Como não existe previsão de modalidade culposa do crime de obstrução de justiça, o erro de tipo implica necessariamente a impunibilidade do agente.

Antes de discutir as possíveis situações de erro sobre os elementos constitutivos do tipo penal do art. 2º, § 1º, da Lei 12.850/2013, cabe esclarecer uma distinção acerca da natureza do erro e de suas consequências. As elementares típicas que aqui nos interessam traduzem-se nas expressões "investigação" e "organização criminosa". Trata-se de do que se costuma chamar na dogmática penal tradicional de "elementos normativos do tipo", em contraposição aos "elementos descritivos".[86] Ao passo que os últimos são apreensíveis pelos sentidos, os primeiros exigem do agente um conhecimento "leigo" do conteúdo do elemento normativo; por exemplo, no caso do furto (art. 155 CP) o indivíduo, para apreender a elementar "coisa alheia" precisa apenas saber que a coisa pertence a outra pessoa, não necessita conhecer as regras de aquisição e transferência de propriedade do Código Civil.[87] É o que se conhece pela expressão "valoração na esfera do leigo ou do profano".[88]

Portanto, o erro relevante para o dolo refere-se *ao substrato fático* que fundamenta a elementar típica.[89] Em relação ao crime de obstrução de justiça, é preciso, primeiramente, que o agente saiba da existência de uma "investigação de infração penal", ou seja, que conheça seus pressupostos fáticos, ainda que não tenha a noção exata

86. *Horta*, Do erro sobre os elementos normativos das leis penais no direito penal econômico, p. 316: "Os elementos normativos do tipo são aquelas qualidades determinantes da conduta proibida, ou do conteúdo da proibição, isto é; do tipo, que só se podem conceber, exprimir ou identificar a partir do pressuposto lógico de uma norma, jurídica ou não."; cf. fundamentalmente *Engisch*, Die normativen Tatbestandselemente im Strafrecht, p. 127 e ss.

87. *Roxin*, cit., p. 486; *Puppe*, Strafrecht Allgemeiner Teil im Spiegel der Rechtsprechung, p. 96 e sss.; *Greco*, Dolo e gestão temerária, p. 8.

88. *Roxin*, cit., p. 486.

89. Cf. *Greco*, Dolo e gestão temerária...cit, p. 8.

do conceito jurídico de investigação. O mesmo vale para a elementar "organização criminosa": para afirmação do dolo, o indivíduo precisa reconhecer, no momento da conduta, apenas o substrato fático do conceito de organização criminosa, mas não precisa conhecer a definição jurídica trazida no art. 1º, §1º, da Lei 12.850/2013. Se o agente, por exemplo, realizando uma valoração jurídica equivocada, acredita que a organização criminosa não ostenta a necessária estabilidade para se enquadrar no conceito do art. 1º, §1º, estamos diante de um caso de "erro de subsunção"[90], que poderia importar num erro de proibição (art. 21, CP).

O que se deve reter é: se o sujeito, por qualquer motivo, ignora que sua ação interfere na investigação de uma infração penal envolvendo uma organização criminosa, ele age sem dolo e sua conduta, portanto, é *atípica*, conforme o art. 20, caput, CP. É a solução que deve ser dada ao caso 6. Nessa hipótese, A não poderia responsabilizado pelo crime de obstrução de justiça, pois incorreu em erro de tipo.[91]

IV.7 Tentativa

A possibilidade da tentativa no crime de obstrução de justiça é objeto de controvérsia. Esta controvérsia decorre justamente da dúvida a respeito da estrutura do delito, ou seja, se se trata de crime material ou crime formal. Em relação à modalidade típica "impedir", posto que se considera à unanimidade expressão de crime material, admite-se pacificamente a tentativa.[92]

Por outro lado, no que tange à modalidade "embaraçar", há dissenso. Parte da doutrina não admite a tentativa nessa variação típica, pois se trataria de crime de mera conduta.[93] Outros ainda, na mesma

90. *Puppe*, Strafrecht...cit., p. 111: "Um erro de subsunção é um erro sobre o significado do tipo" ("Ein Subsumtionsirrtum ist ein Irrtum über die Bedeutung des Tatbestandes", tradução livre). Cf. também *Hilgendorf/Valerius*, Direito Penal Parte Geral, p. 206.

91. Restaria, evidentemente, o crime de favorecimento pessoal (art. 348).

92. Por todos, *Bitencourt/Busato*, cit., p. 93-94.

93. *Maciel*, Crime organizado, p. 79: "Ambos os verbos admitem a tentativa, apesar de ser mais difícil a caracterização na hipótese de embaraçar"; *Nucci*, cit., p. 25, *Baltazar Junior*, cit., p. 1262.

direção, consideram que a modalidade "embaraçar" é a versão tentada da modalidade "impedir", não comportando, ela mesma, a tentativa.[94]

Contudo, a jurisprudência do STF tende a admitir a tentativa no crime de obstrução de justiça. Por exemplo, no Inquérito 3980:

> "[...] ainda que se admita a prática deste delito na forma tentada, no caso concreto não se visualizam presentes elementos suficientes à caracterização da tentativa. [...] Como se vê, no caso concreto, a narrativa acusatória depende de tantos eventos independentes da vontade e da atuação do suposto autor em seu iter criminis, que em termos de cadeia causal típica não se pode atestar a idoneidade do meio (ameaça velada em circunstâncias não típicas, considerando o encontro casual) sequer para a caracterização da tentativa deste delito".[95]

Repare-se que, nesse caso, se considerou a conduta imputada – ameaça a potencial colaborador – mero ato preparatório, ou seja, um estágio *anterior* à tentativa, ainda fora da zona de tipicidade.

Também nos Inquéritos 4.506 e 4.112 imputou-se aos réus o crime na forma tentada.[96] Neste último caso, a denúncia foi rejeitada, porque se entendeu que se tratava, na espécie de crime impossível. A suposta conduta era "pedir estorno de créditos relativos a depósitos em dinheiro na sua conta pessoal com a finalidade de se desvincular dessas operações e evitar a instauração de investigação sobre os fatos no âmbito do STF". Argumentou-se que "[...] em se tratando de lançamentos em conta aperfeiçoados há mais de um ano, o estorno solicitado não se prestaria a ocultar os registros antigos, mas, acaso viável, apresentar-se-ia como mais uma movimentação sequencial acrescida às anteriores". A nosso sentir, não se trata de crime impossível, mas já de *atipicidade* da conduta.

Em instâncias inferiores, é possível perceber entendimento di-

94. Aparentemente nesse sentido *Masson/Marçal*, cit., p. 122.

95. STF, Inq 3980, Rel. Min. Edson Fachin, 2ª Turma, j. em 06/03/2018, DJe-113 Div. 07/06/2018, Public. 08/06/2018.

96. STF, Inq 4506, Rel. Min. Marco Aurélio, 1ª Turma, julgado em 17/04/2018, DJe Div. 03/09/2018, Public 04/09/2018; STF, Inq 4112, Rel. Min. Edson Fachin, 2ª Turma, julgado em 22/08/2017, DJe Div. 09/11/2017, Public. 10/11/2017.

verso, inadmitindo a tentativa, como, por exemplo, decidiu a Justiça paranaense:

> "[...] O bem jurídico tutelado é a administração da justiça. Na modalidade do verbo embaraçar é doutrinariamente classificado como delito formal, sendo que a sua consumação não demanda a ocorrência de resultado naturalístico, consistente no efetivo prejuízo à investigação.
>
> Somente admite a forma dolosa e para sua configuração é necessário que o agente deliberadamente pratique atos visando prejudicar, obstruir, dificultar, paralisar alguma investigação."[97]

Deve-se dar razão às vozes na jurisprudência e na doutrina que admitem, em tese, a tentativa no crime de obstrução de justiça, notadamente quando o agente realiza ato voltado para o comprometimento da investigação, sem, no entanto, lograr êxito por circunstâncias alheias à sua vontade.[98] Deve-se conceder, contudo, que o espaço para a tentativa revela-se extremamente reduzido, exatamente pela amplitude da modalidade típica embaraçar.

IV.8 Penas - Proporcionalidade e causas de aumento

A pena cominada ao crime de obstrução de justiça é a mesma cominada ao delito de participação em organização criminosa, previsto no caput do art. 2º, da Lei 12.850/2013, qual seja, 3 (três) a 8 (oito) anos, e multa, sem prejuízo das penas correspondentes às demais infrações penais praticadas.

Alguns autores denunciam a desproporcionalidade dessa cominação, eis que, enquanto crime acessório, contra a administração da justiça, o delito do § 1º não possuiria a mesma gravidade do crime principal da Lei de Organização Criminosa.[99] Haveria uma situação de incoerência endonormativa, à vista de sua potencial excessividade em concreto, uma violação à proporcionalidade ordinal ou relativa.[100]

97. JFPR, AP 5027868-69.2017.4.04.7000, Juiz Federal Marcos Josegrei da Silva, 14ª VF, julgado em 19/02/2018.

98. *Silva*, cit., p. 29-30.

99. Com outras referências *Masson/Marçal*, cit., p. 122.

100. *Teixeira*, Teoria da aplicação da pena, p. 61; *von Hirsch*, Censure and Sanctions, 1993, p. 18-19.

Essa questão é bastante sensível e dela já se ocuparam Tribunais estrangeiros inúmeras vezes. No Brasil, há um caso emblemático, relacionado ao crime de falsificação, corrupção, adulteração ou alteração de produto destinado a fins terapêuticos ou medicinais (art. 273 CP), cuja pena cominada é de 10 (dez) a 15 (quinze) anos de reclusão e multa. Declarando inconstitucional o preceito secundário do art. 273, §1º-B CP (importar medicamento sem registro sanitário), em acórdão da Corte Especial do STJ, aduziu-se que

> "O crime de ter em depósito, para venda, produto destinado a fins terapêuticos ou medicinais de procedência ignorada é de perigo abstrato e independe da prova da ocorrência de efetivo risco para quem quer que seja. E a indispensabilidade do dano concreto à saúde do pretenso usuário do produto evidencia ainda mais a falta de harmonia entre o delito e a pena abstratamente cominada (de 10 a 15 anos de reclusão) se comparado, por exemplo, com o crime de tráfico ilícito de drogas - notoriamente mais grave e cujo bem jurídico também é a saúde pública.
>
> A ausência de relevância penal da conduta, a desproporção da pena em ponderação com o dano ou perigo de dano à saúde pública decorrente da ação e a inexistência de consequência calamitosa do agir convergem para que se conclua pela falta de razoabilidade da pena prevista na lei. A restrição da liberdade individual não pode ser excessiva, mas compatível e proporcional à ofensa causada pelo comportamento humano criminoso." (AI no HC 239363 PR 2012/0076490-1, Rel. Min. Sebastião Reis Júnior, DJe 10/04/2015)"

Recentemente, foi reconhecida a repercussão geral do tema no STF, pendente julgamento (RE 979962 RG/RS, Rel. Min. Roberto Barroso). Além da constitucionalidade da pena em abstrato do referido crime, será discutida a possibilidade preceito secundário de outro tipo penal para fixação da pena.

A hipótese de (des)proporcionalidade da pena do crime de obstrução não é tão alarmante como do crime de falsificação, corrupção, adulteração ou alteração de produto destinado a fins terapêuticos ou medicinais, sobretudo porque a pena mínima é sensivelmente mais baixa (3 anos).

Uma solução mais adequada seria semelhante à adotada pelo

Tribunal Constitucional da Espanha, no célebre caso Herri Batasuna (STS 136 999), no qual se declarou inconstitucional a aplicação, *no caso concreto*, da pena do crime de "colabaración com banda armada", em razão da desproporção entre o preceito sancionador e a conduta criminosa, considerada de menor gravidade. Aplicando o raciocínio ao crime de obstrução de justiça, também seria constitucional apenas a incriminação de condutas de notável gravidade, que agridam de forma significativa o aparato persecutório do Estado.

Outra questão relacionada à pena diz respeito à aplicação das causas de aumento dos §§ 2 a 4º do art. 2º da Lei 12.850/2013 ao crime do § 1º. [101] Vejamos do que se trata:

> § 2º As penas aumentam-se até a metade se na atuação da organização criminosa houver emprego de arma de fogo.
>
> § 3º A pena é agravada para quem exerce o comando, individual ou coletivo, da organização criminosa, ainda que não pratique pessoalmente atos de execução.
>
> § 4º A pena é aumentada de 1/6 (um sexto) a 2/3 (dois terços):
>
> I - se há participação de criança ou adolescente;
>
> II - se há concurso de funcionário público, valendo-se a organização criminosa dessa condição para a prática de infração penal;
>
> III - se o produto ou proveito da infração penal destinar-se, no todo ou em parte, ao exterior;
>
> IV - se a organização criminosa mantém conexão com outras organizações criminosas independentes.
>
> V - se as circunstâncias do fato evidenciarem a transnacionalidade da organização.

Percebe-se claramente que a agravante e as causas de aumento dos parágrafos mencionados referem-se a modalidades, circunstâncias especiais ou consequências da atuação da organização criminosa. Como visto, o crime de obstrução não pressupõe que o autor esteja atuando em organização criminosa. É nítido, portanto, que as majorantes guardam pertinência somente com a conduta do *caput* do art. 2º e não com a do § 1º.

101. A respeito *Masson/Marçal*, cit., p. 124.

IV.9 Concurso aparente de normas

Devido ao fato de o tipo penal do art. 2º, § 1º, da Lei 12.850/2013, ser tão amplo, tão aberto, há várias possibilidades de ocorrer o fenômeno do concurso aparente de normas. Em respeito ao princípio do *non bis in idem,* ou seja, para que o sujeito não seja punido duas vezes pelo mesmo fato, impõe-se que, diante da sobreposição entre as normas incidentes, aplique-se apenas uma delas, com exclusão das demais. [102]

Segundo a doutrina dominante, há três formas de concurso aparente de normas: a *especialidade, a subsidiariedade e a consunção.*[103] Sinteticamente, tem-se *especialidade* quando a norma especial possui todos os pressupostos de incidência da norma geral, mais outros, que *Hungria e Fragoso* chamam de "elemento especializante"[104]. Aqui, a relação entre as normas é de ordem lógico-conceitual, pois o tipo correspondente à norma geral estará necessariamente contido no que corresponde à especial, como o furto está contido no roubo.[105] Prevalece, então, a norma especial. Há relação de *subsidiariedade* entre duas normas penais que punem fases distintas de ofensa a um mesmo bem jurídico.[106] Na lei penal brasileira, a subsidiariedade é indicada expressamente, algumas vezes, por cláusulas como "se o fato não constitui crime mais grave" (ex: art. 215-A CP). Por fim, dá-se a *consunção* nos casos nos quais o conteúdo de injusto de uma norma incriminadora (a consuntiva), abarcar total ou substancialmente o que tenha o conteúdo de injusto de outra (a consumida).[107] E possível haver consunção quando os bens jurídicos protegidos pelas normas

102. Cf. *Horta*, Do concurso aparente de normas penais, p. 22-24.

103. *Hungria/Fragoso*, Comentários Vol. 1, p. 145.

104. *Hungria/Fragoso*, cit., p. 146.

105. Por todos *Puppe*, NK-StGB, § 52 Nm. 9: no caso da especialidade, a lei aplicável contém integralmente o conteúdo de desvalor daquela que não será aplicada. Já nos casos seguintes, de subsidiariedade e consunção, essa absorção do conteúdo de desvalor ocorre em sua essencialidade, porém o injusto faltante é tão marginal que não possui relevância jurídica.

106. *Schroeder*, Straftaten...cit., p. 30.

107. *Horta*, Do concurso...cit., p. 147; criticamente a essa definição, no entanto, *Bezerra*, Princípio da consunção, p. 136.

proibitivas são distintos,[108] como se dá na relação entre o falso e o estelionato.[109]

Na hipótese do crime de obstrução de justiça, devido ao fato de o tipo penal ser bastante amplo, há uma série de situações conflitantes e muitas vezes de difícil resolução.

Verifica-se, de saída, uma óbvia sobreposição de normas incriminadoras em relação a outros crimes previstos na Lei 12.850/2013. Referimo-nos às normas incriminadoras dos artigos 19 (falsa imputação para fins de colaboração) e 20 (quebra do sigilo das investigações). Essas normas penais devem prevalecer sobre o §1º do art. 2º, em razão do princípio da especialidade, bem como em prestígio à coerência interna do instrumento legislativo.

Sugere-se, também, situações de potencial concurso aparente de normas entre o crime de obstrução de justiça e outros delitos contra a administração de justiça, como os crimes de coação no curso do processo (art. 344 do CP), favorecimento pessoal (art. 348 CP), favorecimento real (art. 349 CP), art. 3º da Lei 8.137/90 etc.

Outro caso interessante de possível conflito de leis envolve o crime de corrupção. A Oitava Turma do TRF da Quarta Região[110] apreciou situação em que os réus foram condenados pelos crimes de corrupção, lavagem de dinheiro e obstrução à investigação de organização criminosa. De forma sintética: um dos réus teria solicitado aos dirigentes de empreiteiras o pagamento de vantagens indevidas para deixar de convocá-los a prestar depoimento durante os trabalhos da CPI e da CPMI, que objetivavam a apuração de fatos havidos contra os interesses da Petrobras. Quanto ao delito de obstrução à justiça, o juiz de primeiro grau assim entendeu:

> [...] 458. Ao solicitar e aceitar propina na condição de Vice-Presidente da Comissão Parlamentar Mista de Inquérito da Petrobrás e interferir no correto desempenho dos trabalhos desta,

108. *Toledo*, Princípios básicos de direito penal, p. 52 e ss.

109. Cf. Súmula 17 do STJ: "Quando o falso se exaure no estelionato, sem mais potencialidade lesiva, é por este absorvido"

110. TRF4, ACR 5022179-78.2016.4.04.7000, 8ª Turma, Relator João Pedro Gebran Neto, j. 07/11/2017.

contribuindo inclusive para que os dirigentes das empreiteiras não fossem convocados a depor, o então Senador [...][111] impediu ou embaraçou a investigação do referido grupo criminoso e dos crimes por ele praticados.

459. Não há *bis in idem* com a condenação por corrupção, pois a prática ou omissão do ato de ofício com infração da lei é mera causa de aumento daquele crime que já se configura com a aceitação ou recebimento da vantagem indevida em razão do cargo.

460. Em comparação grosseira, se agente carcerário recebe propina para facilitar fuga, será responsabilizado tanto pelo crime do art. 317 como do art. 351 do CP. Não há nenhuma controvérsia a esse respeito.

461. Também respondem por este crime, a título de participação, os dirigentes de empreiteira que realizaram o pagamento de propina para obstruir as investigações, como [...]"

Em sede de apelação, ao analisar a tese do *bis in idem* da defesa, quanto ao delito de embaraço à investigação, o Tribunal entendeu pela absolvição dos acusados:

"[...] 6.3.3. Alegação de conduta meio para a prática da corrupção, a incidir o princípio da consunção. Alegação de *bis in idem*.

A defesa [...] sustenta que o crime de embaraço investigativo conformaria parte do *iter criminis* em relação ao delito de corrupção passiva.

As defesas sustentaram, também, que estaria configurado *bis in idem*, especialmente em razão de terem sido aplicadas as causas de aumento aos crimes de corrupção relacionadas à efetiva prática do ato de ofício prometido pelo agente público.

O argumento merece prevalecer.

Conforme já mencionado, o crime de corrupção passiva se consuma com a mera solicitação da vantagem indevida. Já o crime de corrupção ativa se consuma com a oferta ou promessa de vantagem indevida. Por sua vez, o crime de embaraço de investi-

111. Nomes suprimidos.

gação é consumado com a prática de atos destinados a atrapalhar a investigação. Todavia, as figuras qualificadas dos crimes de corrupção (ativa e passiva) aplicam causa especial de aumento de pena quando "o funcionário retarda ou deixa de praticar qualquer ato de ofício ou o pratica infringindo dever funcional".

Se o ato que estava sendo objeto da mercancia era o próprio embaraço às investigações criminais, e aplicando-se no caso concreto a qualificadora (cujos termos funcionam como elementar do tipo qualificado), então não poderiam os réus responder por ambos os delitos sob pena de incorrer-se em *bis in idem.*

Por consequência, procede a premissa de que haveria relação de crime fim e crime meio a justificar a pretendida aplicação do princípio da consunção.

Importante frisar, também, que os desígnios não são autônomos, ainda que os bens jurídicos afetados sejam diversos. O apelante solicitou vantagem indevida, em decorrência do cargo, assegurando que obstaculizaria o chamamento dos empreiteiros para depor nas CPIs. E assim se realizou. Ora, esta conduta era a essência do embaraçamento às investigações das Comissões Parlamentares, motivo pelo qual não poderiam o corruptor e os corruptos responderem pelo crime qualificado e, igualmente, pelo embaraço às invebisstigações.

Ante o exposto, acolho as teses das Defesas relacionadas à aplicação ao princípio do *non bis in idem*, porque a conduta imputada aos apelantes é única, não configurando dois crimes independentes.

Ad argumentandum tantum, poder-se-ia sustentar que a solução da questão imporia o afastamento do tipo qualificado, permanecendo a tipificação do crime previsto no art. 2°, parágrafo primeiro, da Lei n° 12.850/13. Todavia, o móvel do agente era a corrupção, receber vantagem indevida, sendo que o embaraço das investigações era apenas o motivo que justificava a solicitação.

A mesma decisão deve ser estendida, por força do disposto no art. 580, do CPP, em favor dos réus [...]."

Tal como descrita na decisão, a situação comportaria solução diversa, a contemplar o concurso real de crimes entre corrupção na forma simplificada (precisamente para afastar o apontado *bis in idem*) e obstrução de justiça. No entanto, discussão prévia diria com a própria tipicidade do crime de obstrução de justiça, a exigir o embaraço de "investigação de infração penal", o que não necessariamente se enquadra como objeto de uma investigação parlamentar (CPI).

V

RESOLUÇÃO DOS CASOS

1. Esse caso, envolvendo venda de equipamentos de contrainteligência e de venda de sigilo da investigação para criminosos, com comprometimento de operações policiais concretas, constitui o protótipo do crime de obstrução de justiça. O comprometimento ou, pelo menos, o atraso das investigações corresponde, no mínimo, à modalidade típica "embaraçar". As demais elementares típicas - "investigação de infração penal" e "organização criminosa" - restam indubitavelmente realizadas. Tampouco há qualquer elemento na descrição do caso que indique ausência de dolo ou erro por parte dos agentes.

2. O sujeito não possui dever de manutenção das mensagens, das quais ele não é um "fiel depositário", mas sim titular; proprietário. Sua conduta é, portanto, atípica.

3. Na variação formulada, a recusa na entrega das senhas do aparelho móvel não pode ser incriminada, em respeito ao direito à não-autoincriminação (*nemo tenetur se detegere*).

4. A decisão pela realização - ou não - de colaboração premiada é um ato voluntário do agente, consubstanciando-se como estratégia legítima de defesa dos interesses envolvidos. De tal sorte, instigar alguém a assumir uma opção legítima de defesa não se pode caracterizar como embaraço à investigação de infração penal. A conduta é atípica.

5. Igualmente atípica é a proposição de leis tendentes a coibir abuso de autoridade e de estabelecer "anistia" para caixa dois eleitoral. Além da inexistência do objeto da ação (uma investigação concreta), a conduta move-se dentro da zona atuação lícita da atividade parlamentar, cujos limites estão delineados pela Constituição.

6. A, por não saber que a investigação envolvia organização criminosa, agiu em erro de tipo, que exclui o dolo, conforme o art. 20, CP. Sua conduta é, portanto, atípica, face a ausência de previsão da modalidade culposa do crime.

REFERÊNCIAS BIBLIOGRÁFICAS

Altenhain, Karsten. Das Anschlussdelikt: Grund, Grenzen und Schutz des staatlichen Strafanspruchs und Verfallrechts nach einer individualistischen Strafrechtsauffassung, Mohr Siebeck: Tübingen, 2002.

______. Comentários ao § 258 StGB, In: Kindhäuser/Neumann/Paeffgen (org.), Nomos Kommentar Strafgesetzbuch, 5ª ed., Baden-Baden: Nomos, 2017.

Amelung, Knut. *Rechtsgüterschutz und Schutz der Gesellschaft: Untersuchungen zum Inhalt und zum Anwendungsbereich eines Strafrechtsprinzips auf dogmengeschichtlicher Grundlage - zugleich ein Beitrag zur Lehre von der "Sozialschädlichkeit" des Verbrechens*, Althenäum: Frankfurt am Main, 1972.

Appel, Ivo. Verfassung und Strafe: zu den verfassungsrechtlichen Grenzen staatlichen Strafens, Duncker & Humblot: Berlim, 1998.

Ávila, Humberto. *Constituição, liberdade e interpretação*. Malheiros: São Paulo, 2019.

Badaró, Gustavo Henrique. Processo Penal, 6ª ed., Revista dos Tribunais: São Paulo, 2018.

Badaró, Tatiana. *Bem jurídico penal supraindividual,* D´Plácido: Belo Horizonte, 2017.

Baltazar Junior, José Paulo. *Crimes Federais*, 11ª ed., Saraiva: São Paulo, 2017.

Basar, Eren/*Hiéramente*, Mayeul. Datenbeschlagnahme in Wirtschaftsstrafverfahren und die Frage der Datenlöschung. *Neue Zeitschrift für Strafrecht (NStZ)*, 2018, p. 681-687.

Bezerra, Ulysses Gomes. Princípio da consunção: fundamentos e critérios de aplicação. Revista Brasileira de Ciências Criminais, 87, 2010, p. 121-149.

Bitencourt, Cezar Roberto/*Busato*, Paulo César. *Comentários à Lei de Organização Criminosa (Lei n. 12.850/2013)*, Saraiva: São Paulo, 2014.

Bricchetti, Renato. Riciclaggio e auto-riciclaggio. *Rivista italiana di diritto e procedura penale*. Bologna, fasc. 2, p. 684-695, Abril/Junho 2014.

Buchholz, Robert. When your best friend is your worst enemy: How 18 U.S.C 1519 transforms internal investigations into state action and unexpected waiver of attorney-client privilegie. *New England Law Review*, vol. 46, 2012, p. 811-841.

Camargo, Beatriz Corrêa. *A teoria do concurso de pessoas*: *Uma investigação analítico-estrutural a partir da controvérsia sobre o conceito de instigação*, Marcial Pons: São Paulo, 2018.

Cirino dos Santos, Juarez. *Direito Penal Parte Geral*, 8ª ed., Tirant lo Blanch: Florianópolis, 2018.

Dimoulis, Dimitri. *Direito Penal Constitucional: garantismo na perspectiva do pragmatismo jurídico-político*, Arraes: Belo Horizonte, 2016.

Estellita, Heloisa. Criminalidade de empresa, quadrilha e organização criminosa, Livraria do Advogado: Porto Alegre, 2009.

Figueiredo Dias, Jorge de. Direito Penal e Estado-de-Direito Material, *Revista de Direito Penal e Criminologia*, Rio de Janeiro: Forense, v. 31, 1981.

Engisch, Karl. Die normativen Tatbestandslemente im Strafrecht. In: Engisch/Maurach (org.), *Festschrift für Edmund Mezger zum 70. Geburtstag* 15.10.1953, C.H Beck´sche Verlagsbuchhandlung: Munique/Berlim, 1954, p. 127-163.

Feinberg, Joel. The Moral Limits of the Criminal Law - Volume two: Offense to Others, Oxford University Press: Oxford, 1985.

Feldens, Luciano. *Direitos Fundamentais e Direito Penal (A Constituição Penal)*, 2ª ed., Livraria do Advogado: Porto Alegre, 2012.

Fragoso, Heleno Cláudio. *Lições de Direito Penal - Parte Especial, vol. II*, 5ª ed., Forense: Rio de Janeiro, 1986.

Franck, Lorenz. Herausgabe von Passwörtern und der nemo-tenetur-Grundsatz. RDV, vol. 6, 2013, p. 287-290.

Frisch, Wolfgang. Wesentliche Strafbarkeitsvoraussetzungen einer modernen Strafgesetzgebung. In: Eser/Kaiser/Weigend (org.), *Von totalitären zu rechtsstaatlichen Strafrecht - Kriminalpolitische Reformtendenzen im Strafrecht osteuropäischer Länder*, Freiburg im Bresgau, 1993, p. 201-253.

Rechtsgut, Recht, Deliktsstruktur und Zurechnung im Rahmen der Legitimation staatlichen Strafens. In: Hefendehl/von Hirsch/Wohlers (org.), *Die Rechtsgutstheorie - Legitimationsbasis des Strafrechts oder dogmatisches Glasperlenspiel?*, Nomos: Baden-Baden, 2003, p. 215-238

Frister, Helmut. Der strafrechtliche Begriff der Schuld. *Juristische Schulung (JuS)*, v. 12, n. 53, p. 1057, 1064, 2013.

Gärditz, Klaus Ferdnand: Demokratizität des Strafrechts und Ultima Ratio-Grundsatz. *Juristenzeitung (JZ)*, 2016, p. 641-650.

Strafbegründung und Demokratieprinzip. *Der Staat*, vol. 49, 2010, p. 331-367.

Greco, Luís. *Cumplicidade através de ações neutras: a imputação objetiva na participação*. Renovar: Rio de Janeiro, 2004.

______. *Lebendiges und Totes in Feuerbachs Straftheorie: Ein Beitrag zur gegenwärtigen strafrechtlichen Grundlagendiskussion*, Berlim: Duncker & Humblot, 2009.

______. Tem futuro a teoria do bem jurídico? Reflexões a partir da decisão do Tribunal Constitucional alemão a respeito do crime de incesto (§ 173 Strafgesetzbuch). *Revista Brasileira de Ciências Criminais*, vol. 82, 2010, p. 165 e ss.

______. Dolo e gestão temerária (art. 4º, parágrafo único, Lei 7.492/86). *Boletim IBCCRIM*, n. 299, Dezembro 2011, p. 7-9.

______. *Modernização do Direito Penal, Bens jurídicos Coletivos e Crimes de Perigo Abstrato (Com um adendo: Princípio da ofensividade e crimes de perigo abstrato)*, Lumen Juris: Rio de Janeiro, 2011.

______. "Princípio da ofensividade" e crimes de perigo abstrato: Uma introdução ao debate sobre o bem jurídico e as estruturas do delito. *Revista Brasileira de Ciências Criminais*, vol. 49, 2004, p. 89-147.

Greco, Luís/*Leite*, Alaor/*Teixeira*, Adriano/*Assis*, Augusto. *Autoria como domínio do fato: Estudos introdutórios sobre o concurso de pessoas no direito penal brasileiro*, Marcial Pons: São Paulo et al, 2014.

Hassemer, Winfried. *Theorie und Soziologie des Verbrechens: Ansätze zu einer praxisorientierten Rechtsgutslehre*, Athenäum: Frankfurt am Main, 1973.

______. Grundlinien einer personalen Rechtsgutslehre. In: Scholler/Philipps (org.), *Jenseits des Funktionalismus - Arthur Kaufmann zum 65. Geburtstag*, Decker u. Müller: Heildelberg, 1989, p. 85-94.

______. Kennzeichnen und Krisen des modernen Strafrechts. *Zeitschrift für Rechtspolitik,* 1992, p. 378-383.

Hecker, Bernd. Comentários ao § 258 StGB. In: Schönke/Schröder (org.), *Strafgesetzbuch Kommentar*, 30ª ed., C.H Beck: Munique, 2019.

Herrmann, Klaus/*Soiné*, Michael. Durchsuchung persönlicher Datenspeicher und Grundrechtsschutz. *Neue Juristische Wochenschrift* (NJW), 2011, p. 2922-2928.

Hesse, Konrad. *Temas Fundamentais de Direito Constitucional*, São Paulo: Saraiva, 2009.

Hilgendorf, Eric/*Valerius*, Brian. *Direito Penal Parte Geral.* Tradução da 2a edição alemã e comentários de adaptação para o direito brasileiro de Orlandino Gleizer, Marcial Pons: Madrid/Barcelona/Buenos Aires/São Paulo, 2019.

Honig, Richard. *Straflose Vor- und Nachtat.* Leipzig, 1927.

Hörnle, Tatjana. *Grob anstößiges Verhalten*, Klostermann: Frankfurt am Main, 2005.

Horta, Frederico. Do erro sobre os elementos normativos das leis penais no direito penal econômico. In: Lobato/Martinelli/Santos (org.), *Comentários ao Direito Penal Econômico Brasileiro*, D´Plácido: Belo Horizonte, 2017, p. 313-342.

______. *Do concurso aparente de normas penais*. Lumen Juris: Rio de Janeiro, 2007.

Horta, Frederico/*Teixeira*, Adriano. Da autolavagem de capitais como ato posterior coapenado: elementos para uma tese prematuramente rejeitada no Brasil. *Revista de Estudos Criminas*, vol. 74, 2019, p. 7-49.

Hoyer, Andreas. Comentários ao § 258 StGB. In: Wolter (org.), SK-StGB Systematischer Kommentar zum Strafgesetzbuch, 9. Ed, Carl Heymanns Verlag: Colônia, 2019

Hungria, Nelson. Comentários ao Código Penal, vol. IX, Arts. 250-361, Forense: Rio de Janeiro, 1958.

Hungria, Nelson/*Fragoso*, Heleno Cláudio. Comentários ao Código Penal, vol. I, tomo I, Arts. 1-10, 5ª ed., Forense: Rio de Janeiro, 1977.

Jäger, Herbert. *Strafgesetzgebung und Rechtsgüterschutz bei Sittlichkeitsdelikten: eine kriminalsoziologische Untersuchung*, Enke: Stuttgart, 1957.

Jakobs, Günther. *Strafrecht Allgemeiner Teil* - Die Grundlagen und die Zurechnungslehre - Lehrbuch, 2ª ed., De Gruyter: Berlim, 1993.

Rechtsgüterschutz? Zur Legitimation des Strafrechts, Ferdinand Schöningh GmbH: Padeborn, 2012.

Kasiske, Peter. Die Selbstbelastungsfreiheit im Strafprozess. Juristische Schulung (JuS), v.1, p. 15-19, 2014.

Kuhlen, Lothar. *La interpretación conforme a la constitución de las leys penales*. Trad. Nuria Pastor Muñoz, Marcial Pons: Madrid/Barcelona/Buenos Aires, 2012.

Lavin, Sean/*Bell*, Julia/*Dunker*, MaeAnn/*McBride*, Mitchell. Obstruction of Justice. *Criminal Law Review*, vol. 56, 2019, p. 1201-1240.

Lagodny, Otto. *Strafrecht vor den Schranken der Grundrechte: die Ermächtigung zum strafrechtlichen Vorwurf im Lichte der Grundrechtsdogmatik; dargestellt am Beispiel der Vorfeldkriminalisierung*, Mohr-Siebeck: Tübingen, 1996.

Leite, Alaor. Proibição de retroatividade e alteração jurisprudencial: A irretroatividade da jurisprudência constitutiva do injusto penal, em: Renzikowski, Joachim/Godinho, Inês/Leite, Alaor/Moura, Bruno. *Actas do Colóquio "O Direito Penal e o Tempo"*, Instituto Jurídico da Faculdade de Direito de Coimbra: Coimbra, 2016, p. 43-87.

______. Dolo e o crime de dispensa ou inexigência ilegal de licitação (art. 89 da Lei 8.666/1993) - Interpretação restritiva do tipo penal, responsabilidade penal do Gestor Público e a relevância jurídica da opinião técnica da Procuradoria do Município (STF, Inq. 2.482). *Revista Brasileira de Ciências Criminais, vol. 104, 2014,* p. 13-29.

Leite, Alaor/*Teixeira*, Adriano. Financiamento de partidos políticos, caixa dois eleitoral e corrupção. In: Leite/Teixeira (org.), Crime e Política: Corrupção, financiamento irregular de partidos políticos, caixa dois eleitoral e enriquecimento ilícito, FGV Editora: São Paulo, 2017, p. 135-165.

Maciel, Alexandre Rorato. *Crime organizado: Persecução Penal e Política Criminal*, Juruá: Curitiba, 2015.

Marteleto Filho, Wagner. O direito à não autoincriminação no Processo Penal Contemporâneo, Del Rey: Belo Horizonte, 2012.

Masson, Cleber/*Marçal*, Vinícius. *Crime organizado*, 4ª ed., revista, atualizada e ampliada, Método: São Paulo, 2018.

Mill, John Stuart: On Liberty and Other Essays - Oxford World Classics: Oxford, 1991.

Nucci, Guilherme de Souza. Organização Criminosa, 2ª ed., Forense: Rio de Janeiro, 2015.

Pacelli, Eugênio. Breves notas sobre a não autoincriminação. *Revista de Doutrina da 4ª Região*, Porto Alegre, n. 41, abr. 2011. Disponível em:http://www.revistadoutrina.trf4.jus.br/artigos/edicao041/eugenio_oliveira.html> Acesso em: 22/07/2019.

Puppe, Ingeborg. Comentários ao § 52, In: Kindhäuser/Neumann/Paeffgen (org), *Nomos Kommentar Strafgesetzbuch*, Band I, 5ª ed., Nomos: Baden-Baden, 2017.

Kleine Schlue des Juristischen Denkens, 3a ed., Vandenhoeck and Ruprecht: Göttingen, 2016.

Strafrecht Allgemeiner Teil im Spiegel der Rechtsprechung, 3a ed., Nomos: Baden-Baden, 2016.

Queijo, Maria Elizabeth. *O direito de não produzir prova contra si mesmo (o princípio nemo tenetur se detegere e suas decorrências no processo penal)*, Saraiva: São Paulo, 2003.

Renzikowski, Joachim. Einleitung. In: Matt/Renzikowski (org.), StGB Strafgesetzbuch Kommentar, Vahlen: Munique, 2013.

Robles Planas, Ricardo. Las "conductas neutrales" en Derecho penal. La discussión sobre los limites de la complicidad punible. In: Revista Brasileira de Ciências Criminais, São Paulo, n. 70, p. 190-228, janeiro-fevereiro/2008.

Rogall, Klaus. Pré-comentários ao § 113 StPO, In: Wolter (org.), *SK--StPO Systematischer Kommentar zur Strafprozessordnung* Band II, 5. Ed, Carl Heymanns Verlag: Colônia, 2016.

Roxin, Claus. *Strafrecht Allgemeiner Teil*, Band I, Grundlagen - Der Aufbau der Verbrechenslehre, 4ª ed., C.H Beck: Munique, 2006.

Zur neueren Entwicklung der Rechtsgutsdebatte. In: Herzog/Neumann (rog.), *Festschrift für Winfried Hassemer*, Duncker & Humblot: Berlim, 2010, p. 573-597.

Derecho Penal - Parte General, Tomo I, Fundamentos. La Esctructura de la Teoria del Delito, Madrid: Civitas, 1997.

Rudolphi, Hans-Joachim. Strafvereitelung durch Verzögerung der Bestrafung und Selbstbegünstigung durch Vortäuschen einer Straftat - BayObLG, NJW 1978, 2563. *JuS 12/1979*, p. 859-863.

Schroeder, Friedrich-Christian. Die Geldwäsche als Straftat gegen die Durchsetzung des Strafrechts, em: Hirsch, Hans Joachim/Roxin, Claus et al (org), Neue Erscheinungsformen der Kriminalität in ihrer Auswirkung auf das Straf- und Strafprozessrecht, Temida 2: Bialystok, 1996, p. 165-169.

Die Straftaten gegen das Strafrecht, Walter de Gruyter: Berlim/Nova Yorque, 1985.

Schneider, Harmut. *Grund und Grenzen des Selbstbegünstigungsprinzips auf der Base eines generalpräventiv-funktionalen Schuldmodells*, Duncker & Humblot: Berlim, 1990.

Schünemann, Bernd. Espiral ou ovo estrelado? Modelos de aplicação do direito: do modelo hermenêutico ao modelo da filosofia analítica da linguagem. Trad. Danielle Campos. In: Schünemann/Greco(coord.), *Estudos de direito penal, direito processual penal e filosofia do direito*, Marcial Pons: Madrid/Barcelona/Buenos Aires/São Paulo, 2013, p. 285-297.

Historie der mißglückten Reformversuche des § 142 StGB. *Deutsches Autorecht (DAR)*, 2003, p. 207-212.

Nulla Poena Sine Lege - Rechtstheoretische und verfassungsrechtliche Implikationen der Rechtsgewinnung im Strafrecht, De Gruyter: Berlim, 1978.

Seebode, Manfred. Wortlautgrenze und Strafbedürfnis. Die Bedeutung des Wortlaust der Strafgesetze am Beispiel eigennütziger Strafvereitelung. *Juristezeitung,* v. 15/16, 1998, p. 781-783.

Silva Sánchez, Jesús-Maria. *La expansión del derecho penal - Aspectos de la política criminal en las sociedades posindustriales*, 2a ed, Civitas: Madrid, 2001.

Sobre la "interpretación" teleológica en Derecho Penal. In: García Conlledo/Amado (org.), Estudios de filosofia del derecho penal, Universidad Externado de Colombia: Bogotá, 2006, p. 365-395.

Silva, Eduardo Araujo da. *Organizações criminosas: Aspectos penais e processuais da Lei n. 12.850/13*, 2a ed., Atlas: São Paulo, 2015.

Silva, Virgílio Afonso da. Direitos fundamentais: conteúdo essencial, restrições e eficácia, 2a ed., 4a tiragem, Malheiros: São Paulo, 2017.

Simester, A. P/*von Hirsch*, Andreas: Crimes, Harms, and Wrongs: On the Principles of Criminalisation, Hart Publishing: Oxford, 2014.

Sousa Mendes, Paulo de. Causalidade complexa e prova penal, Marcial Pons: Madrid/Barcelona/Buenos Aires/São Paulo, 2019.

Stächelin, Gregor. Strafgesetzgebung und Verfassungsstaat, Duncker & Humblot: Berlim, 1998.

Stuckenberg, Carl-Friedrich: Grunrechtsdogmatik statt Rechtsgutslehre, in: *Goltdammer´s Archiv für Straftecht* (GA), 2011, p. 653-661.

Stumpf, Olav. Zur Strafbarkeit des Verteidigers gemäß § 258 StGB - zugleich Besprechung von BGH, Urt. v. 26.11.1998 - 4 StR 207/98, wistra 199, 140. Wistra 4/2001, p. 123-129.

______. Gibt es im materiellen Strafrecht ein Verteidigerprivileg? Neue Zeitschrift für Strafrecht (NStZ), 1997, p. 7-12.

Toledo, Francisco de Assis. Princípios básicos de direito penal, 5a ed., Saraiva: São Paulo, 1994.

Tornaghi, Helio Bastos. A questão do crime formal, Coelho Branco: Rio de Janeiro, 1944.

Wigmore, John. Nemo Tenetur Seipsum Prodere. Harvard Law Review, vol. 05, 1981, p. 71-78.

Wohlers, Wolfgang. *Deliktstypen des Präventionsstrafrechts - zur Dogmatik "moderner" Gefährdungsdelikte*, Duncker & Humblot: Berlim, 2000.

Rechtsgutstheorie und Deliktstruktur. *Goltdammer´s Archiv für Strafrecht*, 2002, p. 15-20.

Verde, Alejandra. ¿Es el autolavado de dinero un delito posterior co--penado?. *En Letra: Derecho Penal*, Buenos Aires, n. 2, p. 55-85, mai 2016.

Vogler, Theo. Funktion und Grenze der Gesetzeinheit, em: Kaufmann/ Bemmann/Krauss/Volk (org.), *Festschrift für Paul Bockelmann*, Beck: Munique, 1979, p. 715-736.

Volk, Klaus. Strafrecht und Wirtschaftskriminalität - Kriminalpolitische Probleme und dogmatische Schwierigkeiten. *Juristenzeitung* (JZ), 1982, p. 85-92.

______. Marktmissbrauch und Strafrecht. In: Herzog/Neumann (org.), *Festschrift für Winfried Hassemer*, Hüthig-Jehle-Rehm: Munique/ / Heidelberg, 2010, p. 915-926.

von Hirsch, Andreas. Der Rechtsgutsbegriff und das „Harm Principle", in: Hefendehl/von Hirsch/Wohlers (Hrsg.), *Die Rechtsgutstheorie - Legitimationsbasis des Strafrechts oder dogmatisches Glasperlenspiel?,* Nomos: Baden-Baden, 2003, p. 13-25.

______. Der Rechtsgutsbegriff und das „Harm Principle", in: *Goltdammer´s Archiv für Strafrecht* (GA), 2002, p. 02-14.

______. Censure and Sanctions, OUP: Oxford, 1993.